宁波市社会科学研究基地（区域开放合作与自贸区研究基地）成果丛书

宁波国家自主创新示范区与自贸区联动发展研究

管理 MANAGEMENT

王叶峰 著

Research on the linkage Development of
Ningbo National Independent Innovation Demonstration Zone and Free Trade Zone

U0361289

上海交通大学出版社
SHANGHAI JIAO TONG UNIVERSITY PRESS

内容提要

促进国家自主创新示范区和自由贸易试验区联动(以下简称"双自"联动)发展,实现两者优势互补、相得益彰,是宁波实现经济高质量发展和区域协调发展的重要途径。本书总结并借鉴上海、广东、福建、江苏等地区促进"双自"联动发展的经验做法,提出促进宁波"双自"联动发展的对策建议。

本书通过相关理论研究分析和实践研究,在实践方面提出了切实可行的建议,值得学术界和实践界相关人员参考。

图书在版编目(CIP)数据

宁波国家自主创新示范区与自贸区联动发展研究 /
王叶峰著. — 上海:上海交通大学出版社,2023.6
ISBN 978-7-313-28748-9

Ⅰ.①宁… Ⅱ.①王… Ⅲ.①高技术开发区-经济发
展-研究-宁波②自由贸易区-经济发展-研究-宁波
Ⅳ.①F127.553②F752.855.3

中国国家版本馆 CIP 数据核字(2023)第 096896 号

宁波国家自主创新示范区与自贸区联动发展研究
NINGBO GUOJIA ZIZHU CHUANGXIN SHIFANQU YU ZIMAOQU LIANDONG FAZHAN YANJIU

著　　者:	王叶峰			
出版发行:	上海交通大学出版社	地　　址:	上海市番禺路 951 号	
邮政编码:	200030	电　　话:	021-64071208	
印　　刷:	上海万卷印刷股份有限公司	经　　销:	全国新华书店	
开　　本:	710mm×1000mm　1/16	印　　张:	11	
字　　数:	173 千字			
版　　次:	2023 年 6 月第 1 版	印　　次:	2023 年 6 月第 1 次印刷	
书　　号:	ISBN 978-7-313-28748-9			
定　　价:	69.00 元			

前　言

    国家自主创新示范区是指经国务院批准,在推进自主创新和高技术产业发展方面先行先试、探索经验、做出示范的区域。国家自由贸易试验区是指在贸易和投资等方面比世贸组织有关规定更加优惠的贸易安排,在主权国家或地区的关境以外,划出特定的区域,准许外国商品豁免关税自由进出。随着宁波新国家自主创新示范区(简称自创区)和中国(浙江)自由贸易试验区(简称自贸区)宁波片区两大富含"创新"要素的国家级战略平台先后获批,面对复杂严峻的全球疫情和世界经济形势,党的二十大报告明确提出,必须坚持科技是第一生产力、人才是第一资源、创新是第一动力,深入实施科教兴国战略、人才强国战略、创新驱动发展战略,开辟发展新领域新赛道,不断塑造发展新动能新优势,并提出高质量发展是全面建设社会主义现代化国家的首要任务,着力推进区域协调发展,推动经济实现质的有效提升和量的合理增长。

    自 2009 年 3 月北京中关村被批准为第一个国家自主创新示范区(以下简称国家自创区)以来,浙江省的杭州和宁波、温州陆续加入国家自主创新示范区行列,截至 2022 年 5 月,国务院已经陆续批复了 23 个国家自创区,以先行先试政策为主要特色的示范区得到了明显的发展。而自 2013 年 9 月 29 日中国(上海)自由贸易试验区正式挂牌成立,截至 2021 年 12 月 31 日,全国共设立 21 个自贸试验区,形成了覆盖东西南北中的试点格局。国家自主创新示范区和自由贸易试验区是我国改革开放和创新发展的核心载体与两大高地,也是推进宁波经济高质量发展和区域协调发展的重要引擎与抓手。

首先,本书基于梳理国内外有关国家自主创新示范区和自贸区研究文献的研究现状和研究结果,结合自主创新示范区、自主创新体系、区域经济发展和系统科学等相关理论,分析宁波国家自主创新示范区和自贸区的发展现状,并通过借鉴国内其他地区国家自创区与自贸区双自联动发展的经验和措施,基于SWOT理论分析宁波国家自创区和自贸区联动发展的优势、劣势、机会和威胁,提出宁波国家自创区和自贸区联动协同发展的对策。这些研究对于政府颁布国家自主创新示范区和自贸区联动发展的相关政策制度和提升自创区创新水平和自贸区对外开放程度等都具有理论和实践指导意义。

本书的研究得到了宁波市哲学与社会科学研究重点基地“区域开放合作与自贸区研究基地”第五轮课题(编号:JD5—ZD07)、教育部人文社会科学研究规划基金项目(编号:22YJAZH105)和浙江省高校重大人文社科攻关计划项目资助(编号:2023GH016)的支持,以及浙江省软科学研究基地和宁波财经学院的出版资助,在此表示衷心的感谢! 同时感谢各位高校专家提出的宝贵修改意见。

由于作者水平所限,书中难免有不足之处,敬请读者提出宝贵意见和建议。

王叶峰

2023 年 3 月 28 日

目　录

第一章

绪　论

建设国家自主创新示范区(下称"自创区")是我国着眼于推进创新驱动发展战略而做出的重大战略部署,自从 2009 年国务院批复建设北京中关村国家自创区以来,国务院已经陆续批复了 23 个国家自创区,其中浙江省有三个,分别是杭州、宁波和温州国家自创区,国家自创区已经成为我国推动创新驱动发展战略、完善我国科技创新体制的重要平台和创新载体。2018 年 2 月,国务院批复同意宁波高新技术产业开发区建设国家自创区,是国务院批复的第 18 个国家自主创新示范区。国务院此次批复宁波的国家自创区总体定位是,打造民营经济创新创业新高地,努力建设成为科技体制改革试验区、创新创业生态优化示范区、对外开放合作先导区、城市群协同创新样板区、产业创新升级引领区,示范引领全国民营经济创新发展,推动经济建设和长三角城市群协同发展。2020 年 9 月,国务院批复同意扩展中国(浙江)自由贸易试验区到宁波片区。自此,如何加强宁波国家自创区与自贸区的联动发展至关重要,因为"双自"联动发展有助于扩大开放,用好国内国际两种资源;有助于优势互补,形成"1+1＞2"的叠加效应,打造经济发展新引擎。虽然宁波国家自主创新示范区设立至今已有 4 年,浙江自由贸易试验区宁波片区设立至今有 2 年,但是与同样处于长三角的上海、江苏等先进国家自主创新示范区和自由贸易区的联动发展相比,还有很大差距。

第一节　研究背景与研究意义

一、研究背景

虽然宁波国家自创区得到了国家和地方政府政策的大力支持,但是对比发达国家的高新区不难发现,宁波国家自创区距离发达国家高新区和国内的上海张江高科、深圳和苏南等先进国家自创区的发展还有较大差距,存在以下几点较为凸显的问题:①产业链规划力度不足,区域融合力度有待深化。②创新成果评价体系必须持续优化,创新激励机制待完善。③发展模式同质化现象较为普遍,区域差异化定位需不断明确,大部分自创区的发展模式大同小异。④科技创新人才的引进力度不足,人才流动机制不够完善。

因此,本书在对宁波国家自创区的发展现状进行梳理,借鉴其他先进自创区的经验,根据创新发展的客观规律,找出目前宁波国家自创区发展中存在的问题,利用浙江省自贸区宁波片区的发展优势从理论和实证研究提出优化建议,为加快宁波国家自创区建设,以及与自贸区联动发展提供强有力的政策支撑。

二、研究意义

目前,学术界对国家自主创新示范区的创新体制与协同发展的理论体系尚未形成,而且大多针对国内先进国家自创区展开研究,鲜有研究浙江的杭州、宁波和温州三个国家自创区。因此,本书本着理论来源于实践又为实践服务的思想,采用文献研究和实证分析相结合的方法,以宁波国家自主创新示范区发展实践为背景,以有效分析宁波及长三角先进国家自主创新示范区为切入点,构建以"生态优化示范区""对外开放合作先导区""城市群协同创新样板区""产业创新升级引领区"为发展目标的国家自创区的创新指标体系,建立宁波国家自主创新示范区创新能力评价模型和升级路径,推动宁波国家自创区和自贸区联动发展,具有重要的理论意义和现实意义,并具有广阔的应用前景。

第一，有利于完善国家自主创新示范区的理论和评估体系。以自创区为突破口，构建宏观自创区框架体系，以及自创区的创新能力评价体系更具有指导性和可操作性。

第二，有利于推动自创区发展和升级路径理论和实践的创新与发展。自创区的先行先试与做出示范在推动区域经济发展过程中不可忽视，如何通过构建自创区政策创新与创新能力指标体系实现对自创区的监测与评估，从而科学有效的成为自创区创新发展和升级路径理论和实践发展过程中的必然要求。

第三，有利于发挥宁波国家自创区先行先试的示范作用，为国内其他自创区的发展提供借鉴与参考。

第四，有利于促进宁波国家自创区和自贸区联动发展，为国内其他地区的"双自"联动发展提供经验做法，具有一定的指导意义。

第二节 国内外研究现状

自 2009 年 3 月北京中关村被国务院批准为第一个国家自主创新示范区以来，我国才提出了国家自主创新示范区的概念。因此，虽然国家自主创新示范区发展至今，已经吸引了来自实践和学术界的关注，但是国家自主创新示范区发展时间较短，国外对中国的国家自主创新示范区研究甚少，更是鲜有国家自创区和自贸区联动发展的相关研究。从现有文献来看，关于国家自主创新示范区和自贸区联动发展的研究主要包括国家自创区创新政策、创新体制机制研究、创新能力评价以及自创区运行与升级路径的政策建议、国家自贸区和"双自"联动发展几个方面的研究。

一、国家自主创新示范区的政策问题研究

目前，学术界对创新政策研究较多，但针对国家自创区创新政策的研究较为鲜见，已有研究中较有深度的内容包括：一是对自创区高层次人才股权激励政策（郭戎，2013；李燕萍等，2016；董石桃、刘洋，2017）和创业激励政策（徐顽强，2013；肖潇、汪涛，2015；董石桃、戴芬园，2017）进行的建议研究；二是对国家自创区现有创新政策所涉及的主题包括创新创业、简政放权和市场化改革三方

面政策及制定模式所进行的归纳(朱常海,2017);三是对包括科技成果转化政策(徐顽强,2012)、科技投入政策包括科技人才(程瑨等,2017)、金融政策(代利娟等,2013)和税收政策(贾康、刘军民,2011;薛薇、魏世杰,2018)等的推广状况所作的评估(张俊芳,2017)。

在总体方面,石书玲(2018)将创新政策分解为管理体制政策、双创载体建设支持政策、双创平台支持政策、创新生态建设政策、科技金融服务政策等15个政策元,建议国家自创区政策体系要开展行政管理体制创新、完善各领域政策配套、统一不同园区间的政策、提高创新政策执行效能。肖相泽(2016)运用扎根理论等各种定性与定量分析,对示范区的政策创新绩效展开实证研究,提出了示范区政策创新评价体系及相应的改进建议。成涛林(2016)认为由城市群组合而成的苏南示范区的9家分园,应该在政策出台方面展开一体化建设,形成示范区政策创新合力,为城市群的示范区政策发展提供先行先试的经验借鉴。李祖平等(2016)对杭州示范区已有的政策梳理后,提出杭州的政策应该从高新区向示范区过渡,为杭州示范区政策的落地提供政策建议。

国外相关研究方面,Nelson(1959)、Arrow(1962)等相关研究证明自主创新示范区具有较高的风险水平,并在很大程度上存在着市场失灵的现象,因为他们认为政府必须利用税收政策等方式对市场进行干预。Kun Chen、Martin Kenney(2007)分别对北京中关村和深圳国家自主创新示范区创新发展进行研究分析,认为两个示范区的技术创新路径存在较大差异,中关村已经吸引聚集了大批的高新技术产业,形成了高技术产业集群,深圳起步较晚主要靠政策推动。Huang等(2013)以武汉东湖为例,阐述政府通过技术转移政策使得技术创新与经济发展从示范区向外部区域扩散。

综上可知,当前关于示范区政策的研究主要聚焦在政策的梳理和评估,侧重对特定政策或特定示范区的小范围分析和经验总结。一方面缺乏对示范区之间政策创新横向联系的分析及其影响因素的实证研究,另一方面也缺乏从实证角度对示范区政策创新能力的评价。而且对单项领域政策研究的激励点与激励方式的关注不够;缺乏对自创区应有的创新政策体系的思考和认识。相关研究欠缺,导致国家自创区创新政策因缺乏理论方面的深层次指导而出现碎片化、系统性和配套性差、创新性和突破性不够、出台缓慢等问题。为解决此问题,本书将从系统角度出发,以宁波国家自创区建设发展为例,对国家自创区创新政策体系的合理设计进行探讨。

二、国家自主创新示范区的创新体制机制研究

体制机制创新具有示范效应、融通效应和协同效应,是强化并发挥国家自主创新示范区的核心载体作用、推动高质量发展的关键所在(谷建全、彭俊杰,2020)。顾玲俐(2015)对张江国家自主创新示范区的政策协同创新机制进行了分析,发现其创新政策主要存在政策目标对接不足、政策冗余重复和政策过程缺乏融合的问题,并针对这些问题提出了相应的建议。王经伟、王敏(2013)为探究其动力机制,定性分析了投融资机制、利益激励机制、风险分摊机制以及产业发展机制,为解决创新驱动中存在的动力不足问题提供借鉴;徐顽强等(2013)则以武汉东湖人才激励的运行机制为基础,剖析了在特定模式下的人才激励的保障和运行机制;已有的实践经验表明,创新区的选择和制度建设需要和现有国家自主创新示范区和国家级新区等相关工作保持衔接,以此发挥其功能性作用。胡旺盛(2013)以合芜蚌国家自主创新示范区为研究对象,认为这一区域无论是在空间位置还是产业发展等方面都具有显著特征。因此,合理构建这一区域的知识溢出模式,继而推动试验区内企业的技术创新、管理创新、制度创新就显得异常重要;同时,他提出该区域有必要构建以层级模式为引导的、充分结合"传染模式"的知识溢出体系,给出了借助强化知识溢出提升合芜蚌国家自主创新示范区技术创新能力的意见和建议。吴华刚、朱婧、马宗国、晏艳阳、解佳龙等(2019)和董微微、魏丽、刘文等(2018)也对我国创新区发展模式和创新机制等问题进行了研究,取得了很多值得借鉴的成果。

由上梳理可发现,有关研究的方向还不全面,随着国家自主创新示范区的重要作用日益突显,其建设脚步会愈来愈快,从而有关国家自主创新示范区的研究也将日趋丰富和完善。

三、国家自主创新示范区的创新能力评价研究

在评价创新能力上,张威奕(2016)对我国17个国家自主创新示范区的定位、任务与建设策略进行比较分析,认为建设完善的内部创新评价体系、形成区

域协同创新机制和国家创新系统是推进国家自主创新示范区建设的着力点。周洪宇(2015)界定了国家自主创新示范区创新能力的影响因素,构建了国家自主创新示范区创新能力评价模型,并对北京中关村、上海张江和武汉东湖等国家自主创新示范区进行分析评价。齐晶晶(2015)建立了区域创新体系效能评价体系,包含知识、技术创新、技术扩散、产学研协同创新能力四个方面,对北京中关村、武汉东湖、上海张江、长株潭四个国家自主创新示范区的创新体系进行评价。熊曦、魏晓等(2016)以我国10个国家自主创新示范区为例,采用因子分析法,同时运用"要素—结构—功能"的范式,评价各国家自主创新示范区的创新能力。罗煜(2017)基于区域创新体系理论,构建知识、企业、政府、创新主体间联系和创新环境优化能力的评价指标体系,依托郑洛新国家自主创新示范区的相关数据,并针对评价结果,给出增加科技创新投入、加强创新主体联动和优化创新环境等建议。

在评价指标体系上,目前对国家自主创新示范区创新能力的研究,仅限于对各示范区指标值的比较。如何评价国家自主创新示范区的创新能力、哪些因素影响其创新能力、如何构建国家自主创新示范区创新能力评价指标体系等,都值得深入探讨和研究。鉴于此,李庆军等(2018)在国家技术转移体系建设的背景下,结合山东半岛的区域发展实际,从园区创新能力内涵出发,构建一套国家自主创新示范区创新能力评价指标体系。袁茜(2017)通过进行实证研究证明科技创新投入水平、科研成果市场转化水平和国际接轨能力是影响创新示范区科技创新能力水平的主要指标。熊曦、魏晓(2016)运用"要素—结构—功能"的分析范式,认为技术创新能力包括要素的投入力度、结构优化的程度以及创新功能的发挥三个方面。方玉梅、刘凤朝(2014)认为,国家自主创新示范区的技术创新能力具体反映在外部环境的驱动下,内部组织运行中投入的资源和成果产出之间所形成的技术创新能力过程的价值逻辑。因此,建立了一个以内部组织运行为关键点的国家自主创新示范区技术创新能力的四维理论指标体系。

由此可以发现,学者们对创新能力评价指标各有其遴选方法,其评价结果必然也不尽相同。着眼于国家自主创新示范区政策方面,学术界内既有对特定政策的研究,也有对特定示范区的研究。但是,研究对象相对狭窄,大多是基于企业层面的微观研究,基于区域层面的中观研究较少;研究方法上,理论研究较多,实证研究较少。

四、国家自主创新示范区运行和升级路径研究

在国家自主创新示范区的运行体系上,胡树华、王松等(2011)构建了国家自主创新示范区创新系统的"四三结构"模型,以武汉东湖示范区为实证对象,分析了国家自主创新示范区创新投入、主体、内容、产出的结构模型,提出自主创新工程的三大措施。针对推动国家自主创新示范区的升级路径,学者们从不同的角度进行了研究。朱婷婷和戚湧(2019)提出影响升级的四大因素为技术推动、创新驱动、环境建设、创新服务。李旭辉、郑丽琳和程静静(2019)提出推进示范区协调均衡发展,政府部门要制定优化相关政策。国家自主创新示范区是中国高新技术产业集群的重要政策试验场,科技人才集聚规模稳步上升,人力资本加速积累且个体创新效率提高,但人员结构尚待优化。魏澄荣(2018)提出应注重高水平创新人才的汇聚,注重区域联动发展,注重产业升级与科技创新的融合。张英卓和工辉(2018)从创新引领型人才、创新引领型企业、创新引领型机构、创新引领型平台、创新引领型项目五个方面提出完善建设路径的政策建议。滕堂伟、葛冬亚和胡森林(2018)认为要聚焦战略性新兴产业,创新集群高新技术产业体系。范德虎、周海川和苗润莲(2018)认为应坚持以人为本,发展本土化创新网络,高效运营创新平台,优化创新主体结构。董微微(2017)从建设创新型产业集群、构建创新生态系统、搭建创新服务平台、健全创新人才培养与流动机制、完善创新政策支持体系等方面提出推进天津国家自主创新示范区的发展路径。朱玉林和齐晶晶(2017)认为创新资源、创新环境、创新产出的驱动效应显著。张威奕(2016)认为需要建立示范区内完善的创新评价体系,规划产业链布局和产业结构。

综上所述,现有研究成果大多是针对发展时间已经较长的国家自主创新示范区的研究,对于最近五年刚刚设立的国家自主创新示范区的研究较少,无法反映出国家自主创新示范区整体的技术创新发展水平。因此,分析 2018 年设立的宁波国家自主创新示范区的技术创新能力,不仅对区域布局和政策规划具有现实的指导意义,也丰富了我国国家自主创新示范区相关领域的实证

研究。

五、国家自由贸易区研究

中国自由贸易区是指在我国境内关外设立的,以优惠税收和海关特殊监管政策为主要手段,以贸易自由化便利化为主要目的的多功能经济性特区。

(一)自由贸易区相关概念

自由贸易区(Free Trade Area,FTA)一般是国与国之间协定开放的自由贸易区。源于世界贸易组织(World Trade Organization,WTO)有关"自由贸易区"的规定,最早出现于 1947 年《关税与贸易总协定》里面。该协定第 24 条第 8 款对自由贸易区的概念作了专门解释:自由贸易区应理解为在两个或两个以上独立关税主体之间,就贸易自由化取消关税和其他限制性贸易法规。其特点是由两个或多个经济体组成集团,集团成员相互之间实质上取消关税和其他贸易限制,但保留自己的对外贸易政策。目前,世界上已有欧盟、北美自由贸易区等FTA,中国—东盟自由贸易区也是典型的 FTA。

自由贸易园区(Free Trade Zone,FTZ)是实施特定税收和海关监管政策的功能区。源于世界海关组织(World Customs Organization,WCO)有关"自由区"的规定,世界海关组织制定的《京都公约》中指出:FTZ 是缔约方境内的一部分,进入这部分的任何货物,就进口关税而言,通常视为关境之外。相对传统的自由贸易区(FTA),自由贸易园区(FTZ)的特点是属于国家内部的、可以独立设立,不需要经过谈判的贸易体系区域。是一个关境内的一个区域,是单个主权国家(地区)的行为,一般需要进行围网隔离,且对境外入区货物的关税实施免税或保税,而不是降低关税。目前,在许多国家境内单独建立的自由港以及巴拿马、科隆自由贸易园区等都属于 FTZ 范畴。从实行区域上来说,FTZ是自由区内与境内自由区外之间的自由贸易区,自由贸易园区所在国家(地区)的相关条例中规定允许进出口的商品均可自由进出,而 FTA 是协定国家之间的自由贸易区(详见表 1-1)。

表 1-1 FTA 与 FTZ 的差异与相同对比

相异		FTA	FTZ
	设立主体	多个主权国家(或地区)	单个主权国家(或地区)
	区域范围	两个或多个关税地区	一个关税区内的小范围区域
	国际惯例依据	WTO	WCO
	核心政策	贸易区成员之间贸易开放、取消关税壁垒,同时又保留各自独立的对外贸易政策	海关保税、免税政策为主,辅以所得税税费的优惠等投资政策
	法律依据	双边或多边协议	国内立法
相同		两者都是为降低国际贸易成本,促进对外贸易和国际商务的发展而设立的	

自由贸易试验区(Pilot Free Trade Zone,PFTZ)是指在境内设立的,以贸易自由化、便利化为主要目的的多功能经济性特区,是我国自主开放的特定区域,也是当前国内最高层次的开放平台。建设自由贸易试验区是党中央、国务院在新形势下全面深化改革和扩大开放的一项战略举措,对加快政府职能转变、积极探索管理模式创新、促进贸易和投资便利化、形成深化改革新动力、扩大开放新优势,具有重要意义。目前,我国已设立了 21 个自由贸易试验区,区内一般同时包含海关特殊监管区域和非海关特殊监管区域。在海关特殊监管区域实施类似 FTZ 的政策,主要开展贸易便利化改革;在非海关特殊监管区域主要开展投资自由化、金融国际化、监管法治化等方面的改革探索。

自由贸易区,是由两个以上的国家或地区签订协定,约定对相互之间的贸易往来适用互免关税、税收优惠或其他优惠安排的区域。通常协定规定的贸易安排要比世贸组织有关规定更加优惠,有利于参与者大幅度开放所在地的经济市场,吸引外商投资,进而促使商品与劳动力等各类生产要素得到有效的自由流通。各国或地区可以通过这样的贸易协定实现对外贸易上的优势互补。国际上此类自贸区有北美自由贸易区、美洲自由贸易区、欧盟、中国—东盟自由贸易区、RCEP 等(林琳,2022)。自由贸易试验区是我国根据其自身情况单方面设立的特殊区域,不涉及双边或多边协定。自由贸易试验区的贸易、投资、金融方面的政策对所有贸易商和投资者一致适用,不设专门针对某些国家的特定优惠。原则上,在自由贸易试验区内,除非与其他国家或地区签订的双边贸易与投资协定的相关内容比自由贸易试验区现有规定更优惠,一般均适用自由贸易试验区规定。

2008年5月,商务部和海关总署建议将FTA译为"自由贸易区",将FTZ译为"自由贸易园区"。本书中的"自贸区"既包括自由贸易区(FTA)和自由贸易园区(FTZ),也包括自由贸易试验区(PFTZ)。

加拿大经济学家雅各布·瓦伊纳(1950)认为区域性贸易组织,比如自贸区会对经济全球化带来一定的负面影响。他的论证思路是,假设某两个国家在他们之间取消关税,但是该两国对其他的货物贸易仍然收取关税,那么这两个国家就可以从对方国家获取比之前更廉价的产品,而事实上在第三国有更有效率的生产者却因关税问题无法促成交易,这样整个世界环境的贸易效率其实是降低了,更有效率的国家失去了贸易的机会,失去了关税收入,对整个世界而言贸易的公平性和多样性减弱了。美国经济学家杰弗里·弗兰克尔、欧内斯拖·斯坦和香格金·韦也持类似的观点。

美国经济学家保罗·克鲁格曼(1999)认为,区域性自贸区创造出来的价值远远多于它所转移的价值。他认为,尽管部分国家由于坐拥某些有利条件,可以更高效、更低成本地生产某些商品,但是他们依然受到其他因素的影响,比如地理位置等。地理位置影响运输成本,促使相邻的国家间的贸易相对更多,所以在同一个区域的自贸区内,多数国家间的贸易转移量实际是较小的。

国际经济研究所的弗雷(2002)认为,区域贸易组织能够从多个方面促进全球贸易,有一些在世界贸易组织普遍原则下难以实施的特色贸易规则可以在区域贸易组织中先行实施,对于一些发展中国家而言,区域贸易组织的帮助显然更大,因为他们内部的经济效率较世界先进水平更低,被转移的贸易相对更少。

(二)我国自贸区的发展建设

我国自由贸易园区(FTZ)的发展始于1990年上海外高桥保税区的成立,从保税区到自由贸易试验区,全球贸易形势的不断变化与我国在不同经济发展阶段的对外开放需求的持续升级共同驱动了我国自由贸易园区的不断演化升级,不同类型的贸易型自由区在我国对外贸易自由化进程中发挥了重要作用(张汉林和盖新哲,2013)。在国内学术界,一般将上述不同类型贸易型自由区统称为自由贸易园区,而这些不同类型自由贸易园区也是我国新一轮的自由贸易试验区建设的基础(徐莉萍和王静,2015;孟广文,2015;郭晓合,2016)。设立自由贸易园区作为我国改革开放战略中的一项重要措施,其核心目标在于降低贸易壁垒,服务外向型经济的发展。一直以来,自由贸易园区在发展对外贸易、吸引外资、外汇增收以及增加就业等多个方面发挥着积极作用(项后军等,2016)。中共十八届三中全会明确提出建设开放型经济新体制,其核心任务在于通过顶层设计来构建全新的开放型经济体制,这一点有别于以往优惠政策导向的外向型经济发展,这也是我国新一轮改革开放的核心所在(蔡春林,2015;盛斌,2015)。

改革开放以来,我国对外贸易和外商投资的重点为制造业,货物贸易开放和引进外商投资共同推动了我国制造业的蓬勃发展,也成就了我国经济的高速增长。自贸试验区的大范围设立,不仅有利于国内加快形成全面开放的经济格局、促进区域经济的协调发展,从而推动全方位、多层次以及多元化开放格局的形成,还有助于提高地区对国家全面发展战略的服务能力(林琳,2022)。以航运物流和国际商贸为主的第三产业集群通过扩散效应和产业关联作用带动第三产业的发展(孟广文和刘铭,2011),实现自由贸易园区的产业结构升级效应。孙元欣(2014)以上海自贸区为例,提出国内应利用自贸区这一创新制度,借鉴外国的外资准入负面清单管理模式以消除国内投资业所存在的灰色领域,在此基础上形成规范透明的投资管理体系,进而起到简政放权与强化市场机制调节作用的效果。李放平(2014)借助因子分析法和专家打分法相结合,探究影响自贸区与区域经济发展的五大因素。Yao 等(2016)强调上海自贸区的更好发展离不开制度的创新。王贵斌等(2018)以浙江的跨境电商行业为例,研究自贸区建设背景下跨境电商的发展策略,认为浙江自贸区应当构建创新的海关监管模式,加强自贸园区内的跨境电商人才培养。自贸区的建设不仅是会对自贸区所在地产生影响,还会带动周边地区的发展。冯帆等(2019)针对长三角地区的自贸区指出,上海与浙江自贸区的建立有着显著的促进经济增长的效果,并且自贸区的建立还辐射带动了其周边区域的经济,其中对江苏的溢出效应要大于对浙江与安徽的。

(三)自贸区与区域创新效应

自贸区政策一定意义上降低了贸易成本,促进了贸易自由化的发展。

Amiti 等(2007)研究表明进口国会因为进口中间品的贸易自由化而提高自身的创新水平。蒋天颖(2014)研究发现我国区域创新水平呈现很强的空间正相关性,并逐渐显现出空间聚集趋势,同时我国区域创新增长水平存在显著的空间异质性。Moxnes(2015)认为贸易自由化会通过提高研发投入效率和降低研发成本两个角度促进创新能力的提升。在技术差距显著的情况下,自贸区内本土企业与外资企业并存容易产生知识技术溢出效应,通过对外来知识技术的吸收内化,自贸区内本土企业创新水平得到提升(沈能和李富有,2012)。谭建华和严丽娜(2020)运用双重差分模型研究发现自贸区政策可以促进区域内企业技术创新,其中市场竞争和融资约束发挥了中介效应。高增安和李肖萌(2019)基于双重差分模型论证自贸区设立能够正向促进区域整体创新水平和创新能力的提升,同时经济增长水平、外商直接投资水平以及教育水平均是影响地区创新能力发展的重要因素。

六、"双自"联动发展研究

2014 年 12 月,上海自贸区扩区,作为上海张江自主创新示范区核心区的张江高科技园纳入自贸区范围,上海张江(集团)有限公司率先提出自创区与自贸区"双自"联动概念。2015 年,上海发布了全国第一个"双自"联动实施方案,而后广东等地凭借体制机制政策上的"双自"联动和物理空间上的叠加优势,也开展了"双自"联动的探索,有些学者才阐释了"双自"联动的内涵。从狭义的物理空间视角看,复旦大学应用经济学博士后郑海鳌(2015)认为"双自"联动可以理解为自主创新示范区和自由贸易试验区在空间区域叠加部分的直接联动,以及非叠加区域的辐射联动;从广义上看,"双自"联动可以理解为科技创新与制度创新的联动,创新转型与高标准投资贸易规则体系的联动。杨亚琴(2015)结合上海自贸试验区与张江自主创新示范区联动发展的基础条件和存在问题,在未来的建设中"双自"联动应该聚焦科技与金融的联动,打造科技创新核心载体,形成 1+1>2 的强辐射区域。邓江年(2016)认为"双自"联动实质是科技创新和制度创新的联动,以开放促进创新要素的跨境流通和高效配置,以制度创新破解科技创新的瓶颈,"双自"联动是否有效的标准要看在资本、空间、人才和研发者四个方面的联动情况。马志强(2017)提出自主创新示范区和自贸试验区协调联动发展的政策效应正在显现,自主创新示范区应该充分利用自贸区的金融、税收和人才等方面的政策优势,进一步吸引全球创新资源在叠加区域的汇集,以此来促进经济的发展和产业结构的调整。徐静(2018)提出"双自"联动区域进行的各项制度创新最终的目标都是实现该区域科技创新能力的提升,最终落脚点应在企业的创新能力上,因此要及时对区内企业的创新能力进行评估。目前,国内学术界对"双自"联动的研究尚处于起步阶段,还未形成系统的、完整的框架,迫切需要加强这方面的研究,进一步完善"双自"联动理论研究体系。

"双自"联动是我国在推进自由贸易战略和自主创新战略的过程中所形成,在世界范围内不存在相同的概念。国外与之相近的研究可追溯至对自由贸易和自主创新、开放创新的互动关系探讨。早在 20 世纪 60 年代,美国的经济学家就从技术创新和技术扩散两个角度分析了自主创新对一个国家贸易的影响。其研究结论一致表明,具有创新优势的国家往往都会在对外贸易中处于有利地位,即自主创新会对自由贸易产生积极的影响。"开放式创新"研究属于新兴研究领域,"开放式创新"的概念最早于 2003 年由哈佛商学院教授亨利·伽斯柏(Henry W. Chesbrough)提出,但研究侧重于企业层面。直至 5 年后,学者们才把"开放式创新"的概念延伸到国家层面,从而把如何利用国外创新资源促进一个国家创新发展的问题,纳入"开放式创新"研究范畴。国外这些理论研究,为我国自创区和自贸区的联动发展提供了许多可供借鉴的宝贵经验和做法。

国内外的研究均表明,在全面开放新格局下,积极利用国内外相关资源特别是创新资源,有利于加快提升自主创新能力。因此,推动宁波自创区与自贸区"双自"联动发展,释放两大国家战略政策红利,对宁波市在高质量发展和区域协调发展中抓住发展机遇、抢占发展高地具有重要作用。

第三节 研究内容与方法

本书主要从以下几个方面进行宁波国家自主创新示范区与自贸区联动发展研究:

一、研究内容

本书沿着文献综述—理论研究—应用研究—决策建议的思路展开,文献综述是前提,提供了基本模型设定和相关理论基础;理论研究是关键,是进行应用研究的理论依据,决策建议是归宿,是基于已有文献和本课题理论研究结论的策略调整。使研究结果得到宁波国家自创区和自贸区相关政府部门和企业的广泛认同,增强其实用价值。因此,借鉴有关国家自主创新示范区和自贸区建设的研究成果,在理论分析完成后,将采用宁波国家自创区及长三角先进自创区调研数据,运用主成分分析法等定量方法对宁波自创区的创新能力及城市群协同发展进行评价,基于 SWOT 理论对宁波国家自主创新示范区和自贸区联动发展进行全面分析研究,据此提出宁波加快国家自主创新示范区和自贸区联动发展的对策建议(见图 1-1)。

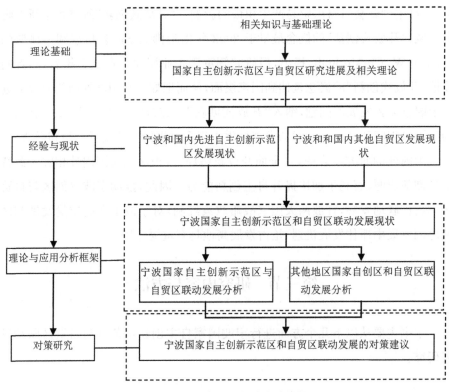

图 1-1 研究思路与技术路线图

（一）国家自主创新示范区和自贸区研究现状和相关理论

明确国家自主创新示范区和自贸区联动发展的相关理论基础是进行"双自"联动研究的前提。首先，从国家自主创新示范区概念出发，分析国家自主创新示范区的政策问题、创新体制机制、创新能力评价和运行及升级路径研究现状；其次，分析国家自贸区和两区联动发展相关研究；然后，对国家自创区和自贸区联动发展相关理论及研究进行了梳理。

（二）国家自主创新示范区和自贸区建设分析

本部分内容在分析国家自主创新示范区成立背景的基础上，分析23个国家自主创新示范区的发展历程和发展特点，并根据区域划分，分别对我国华北、华南、华东、华中、西北、西南和东北等八个区域的国家自主创新示范区的发展现状和发展方向及未来发展规划进行了深入剖析和总结。

（三）宁波国家自主创新示范区和自贸区发展现状研究

本部分内容结合宁波国家自主创新示范区和自贸区的建设要求和建设现状对当前宁波国家自创区和自贸区的发展现状进行分析。主要分析：①宁波国家自主创新示范区创新能力评价。运用横向对比分析和动态变化分析相结合的方法对宁波国家自主创新示范区的创新能力进行评价。②宁波国家自主创新示范区创新能力影响因素分析。运用灰色关联分析法对宁波国家自主创新示范区创新能力影响因素进行分析。③宁波国家自主创新示范区创新能力的综合集成分析。利用因子分析法分析宁波国家自主创新示范区创新能力的五个分项能力和综合创新能力，再结合聚类分析对示范区创新能力进行综合集成分析。

（四）宁波国家自主创新示范区和自贸区联动发展现状研究

首先分析宁波国家自主创新示范区的发展历程，然后采用定量分析法评价宁波国家自主创新示范区的创新能力，并对杭甬温国家自主创新示范区一体化发展进行了定性和定量分析，最后深入分析宁波自贸区的发展现状，包括自贸区的发展历程、空间布局、功能定位、制度创新、改革政策和创新机制。

（五）宁波国家自主创新示范区和自贸区联动发展策略研究

在这一部分内容中，本书首先分析了宁波国家自创区和自贸区联动发展的意义,然后基于 SWOT 理论分析宁波"双自"联动发展的优势、劣势、机会和威胁,其中优势包括区位优势、产业优势和扎实的自主创新基础,及多个功能型服务平台,劣势包括总体产业能级偏低,高端产品和服务供给不足,创新资源薄弱,高技能人才储备匮乏;"双自"联动发展的机遇包括政策方面和自贸区快速发展成熟起来,威胁主要来自区域竞争压力和对外开放程度两方面。最后,分析了国内其他八个地区的"双自"联动发展现状。

(六)宁波国家自主创新示范区和自贸区联动发展策略研究

为加快宁波国家自主创新示范区和自创区联动发展,本书结合前面对宁波"双自"联动发展意义和优劣势、机遇和威胁的深入分析,以及国内其他地区"双自"联动发展现状及经验的借鉴,从五个方面提出了宁波"双自"联动发展的对策建议。

二、研究方法

针对以上所阐述的研究内容,本书广泛挖掘和科学吸收、利用相关领域的理论研究和实践成果,紧密围绕宁波国家自主创新示范区和自贸区联动发展这个中心线索,采用文献梳理研究法和实证(含案例)分析法。其中,通过梳理文献为本研究提供相关理论基础和理论依据,实证分析是为了验证理论研究结果,确保研究是基于实践的,所提对策建议更有针对性和可操作性。

(一)文献研究法

文献研究法是一种查阅、分析和整理文献从而揭示事物本质的一种研究方法。本书通过 EBSCO、Elsevier、Springer Link、谷歌学术、中国知网、万方数据库等国内外主要学术期刊数据库和图书馆等途径搜集相关资料,利用文献研究法回顾国内外科技园区、高新区、国家自主创新示范区、自贸区等相关政策,梳理了国家自主创新示范区政策、创新体制机制、创新能力评价、运行和升级路径,国家自贸区和两区联动发展等主题的相关文献,通过对已有文献资料进行归纳总结,提炼出本书的主要内容,并且还通过文献研究法来辅助证实相关结论。

(二)案例分析法

将比较研究和案例分析相结合,通过比较不同地区的国家自主创新示范区、自贸区和"双自"联动发展,对宁波国家自主创新示范区和自贸区联动发展进行深入分析,保证研究成果的适用性,最后提出合理的建议。

1. 问卷调研和资料查询相结合

通过深入到宁波国家自创区和自贸区管理机构与相关企业,选择有代表性的相关主管部门、企业进行深度访谈,调研获取宁波国家自创区和自贸区建设发展的第一手资料。发放调查问卷,获得宁波建设国家自主创新示范区和自贸区的真实数据,同时,查找既有的行业调研报告,通过国家自主创新示范区和自贸区发展经济运行报告、相关数据库等方面获取相关数据资料,并结合官方发布的基础数据,为揭示宁波国家自主创新示范区和自贸区联动发展现状等提供数据支撑。

2. 文献萃取与方法提炼相结合

用文献研究法,有目的、有计划、有系统地搜集和归纳梳理国内外有关国家自主创新示范区和自贸区联动发展研究的文献,由于文献是相对大量的,因此对文献应有所选择。选用原则是在掌握相关经典文献和可能应用的方法基础上,时时追踪国际上可能出现的新观点和新理论,并根据研究需要及时考虑纳入到课题的研究观点之中。为整体的理论框架设计、各专题研究的理论分析和实证研究提供支持。

3. 国内比较与经验借鉴相结合

选择上海张江、江苏苏南等8个地区的国家自主创新示范区与自贸区联动发展作为案例,从中分析提炼和比较国家自主创新示范区与自贸区联动发展经验,发现适用于不同区域国家自创区和自贸区联动发展的环境和条件,从中找出可借鉴的内容。

4. 数据分析法

针对调研数据、其他统计数据等相关资料,结合自主创新示范区的创新能力评价模型,应用相应软件对数据进行分析,在定性分析的基础上进行定量分析,加强政府决策的科学化和合理化。

第二章

国家自主创新示范区与自贸区联动
发展理论基础

促进创新发展,是推进结构性改革尤其是供给侧结构性改革,实施创新驱动发展战略,推动大众创业、万众创新,发展新经济、培育新动能、改造提升传统动能的关键之举。因此,有必要梳理本书应用的主要理论,包括自主创新示范区理论、创新体系理论、区域发展理论和自主创新体系理论等。

第一节　国家自主创新示范区相关理论

一、创新的内涵

创新,顾名思义,创造新的事物。《广雅》:"创,始也";新,则与旧相对。创新一词很早就已出现,如在《魏书》中有"革弊创新",《周书》中有"创新改旧"。西方英语中的 innovation(创新)一词起源于拉丁语,原意包含三层含义,一是更新,就是对原有的东西进行替换;二是创造新的东西,就是创造出原来没有的东西;三是改变,对原有的东西进行发展和改造。

1912 年,约瑟夫·A.熊彼特(1883—1950)的著作《经济发展理论》首次从经济学角度提出创新理论(Innovation Theory),将"创新"定义为一种生产函数,即把从未使用过的生产要素与生产条件进行融合,作为"新组合"引入生产体系,实现生产体系优化。将创新的内容概括为五个方面:①生产新的产品;②引入新的生产方法、新的工艺流程;③开辟新的市场;④开拓原材料的新供应源;⑤采用新的组织、管理方式。这五个方面是企业得以发展的主要方式,既包括了产品、工艺的创新，又包括了市场创新、组织创新和供应链创新。熊彼特提出创新理论的目的是使技术与经济结合，并从而阐明经济发展的规律。他认为一个经济若没有创新，就是一个静态的没有发展、增长的经济。经济之所以不断发展，是由于在经济体系中不断地引入创新。

熊彼特的创新理论，是狭义上的技术创新理论。其后对狭义的"创新"概念，多理解为："创新是指一种生产过程，这种生产过程具有商业目的，是抢占或保持市场、追求经济效益的一种手段"或"创新是发明的首次商业化应用"，其特点是：认为创新遵循知识生产与应用的线性模式，并把科学研究技术发明与创新区分开来；将企业视为实现创新的主体。从 20 世纪中期开始，对创新有了更广义的理解，创新逐渐包括技术创新、知识创新、制度创新等。

经济合作与发展组织（Organization for Economic Co-operation and Development，OECD）在 1922 年出版的《技术创新统计手册》中，明确将技术创新界定为："技术创新包括产品创新和工艺创新，以及在产品和工艺方面显著的技术变化，而创新包括科学、组织、金融、技术等一系列活动。"之后，又出现了"知识创新"的说法，即把创新看作是通过科学研究包括基础研究和应用研究，获得新的基础科学和技术科学知识的过程。知识创新的目的是追求新发现、探索新规律、创立新学说、创造新方法、积累新知识。

从 20 世纪 60 年代起，管理学家开始将创新引入管理领域。彼得·F.德鲁克（1909—2005）发展了创新理论，提出创新是组织的一项基本功能，是管理者的一项重要职责。并认为"创新并非必须在技术方面""创新的行动就是赋予资源以新的创造财富能力的行为"。指出创新有两种：一是技术创新，它在自然界中为某种自然物找到新的应用，并赋予新的经济价值；二是社会创新，它在经济与社会中创造一种新的管理机构、管理方式或管理手段，从而在资源配置中取得更大的经济价值与社会价值。经济学家进而提出了制度创新的概念。这一理论的提出引起了相关领域专家学者的极大关注，如美国经济学家曼斯菲尔德（M. Mansfield）认为创新主要由新产品思想创造、具体实施、宣传推广以及最终销售等部分组成，基于此，推动创新能够持续发展的影响因素主要是市场需求与研发能力。英国经济学家弗里曼（C. Freeman）认为不能把市场盈利作为创新成功的唯一标志，技术创新的成功与否主要表现在两个方面：第一，是否实现商业盈利；第二，在建立或渗入市场的过程中是否能够取得甚至扩大市场效益，即市场份额的获取与扩大上的变化。

二、自主创新的内涵和特征

党的十八大正式提出实施创新驱动发展战略，党的十八届五中全会把创新放在五大发展理念之首，党的十九大提出创新是引领发展的第一动力，党的十九届五中全会强调坚持创新在我国现代化建设全局中的核心地位，把科技自立自强作为国家发展的战略支撑。党的二十大报告提出，加快实施创新驱动发展战略，加快实现高水平科技自立自强。以国家战略需求为导向，集聚力量进行原创性引领性科技攻关，坚决打赢关键核心技术攻坚战。加快实施一批具有战略性全局性前瞻性的国家重大科技项目，增强自主创新能力。

（一）自主创新的内涵

自主创新是发展经济学概念，自主创新是相对于技术引进、模仿而言的一种创造活动，是指通过拥有自主知识产权的独特的核心技术以及在此基础上实现新产品的价值的过程。自主创新的成果，一般体现为新的科学发现以及拥有自主知识产权的技术、产品、品牌等。自主创新是以人为主体，积极、主动、独立的发现、发明、创造的活动。以主体来划分包括个人自主创新、企业自主创新、国家自主创新、民族自主创新。自主创新是主体性的最高表现形式，是民族独立、国家发展的根本动力，创新精神是民族的灵魂。

随着经济全球化和技术的不断发展与进步，创新逐渐成为一国或一地区综合实力的重要标志。创新，涉及社会生活各个领域，包括理论创新、科技创新、文化创新、制度创新以及其他各方面的创新。通常所说的自主创新，主要是指科学技术领域的创造性活动，从内容上大体包括三方面的含义：

一是原始性创新，即通过科研和开发，努力获得更多科学发现与技术发明；原始性创新意味着在研究开发方面，特别是在基础研究和高技术研究领域取得独有的发现或发明。原始性创新是最根本的创新，是最能体现智慧的创新，是一个民族对人类文明进步做出贡献的重要体现。原始创新是指前所未有的重大科学发现、技术发明、原理性主导技术等创新成果。

二是集成创新，即通过各种相关技术成果融合汇聚，形成具有市场竞争力的产品和产业;集成创新是指通过对各种现有技术的有效集成,形成有市场竞争力的产品或者新兴产业。

三是引进技术消化、吸收和再创新,即在积极引进国外先进技术与设备的基础上,进行充分的消化吸收和再创新。引进消化吸收再创新:是指在引进国内外先进技术的基础上,学习、分析、借鉴,进行再创新,形成具有自主知识产权的新技术。引进消化吸收再创新是提高自主创新能力的重要途径,也是各国尤其是发展中国家普遍采取的方式,在当今经济全球化步伐加快的情况下尤为重要。

一般来讲,单纯的技术引进比较少,更多的是以设备带技术。发展中国家通过向发达国家直接引进先进技术,尤其是通过利用外商直接投资方式获得国外先进技术,经过消化吸收实现自主创新,不仅大大缩短了创新时间,而且降低了创新风险。因此,对于发展中国家而言,自主创新是实行赶超战略、后来居上、超越发展的根本途径。

国内外的实践表明,原始创新和集成创新往往孕育着科学技术的重大发展和飞跃,是科技创新能力的重要基础和科技竞争力的源泉,也是一个民族对人类文明进步做出贡献的重要体现。因此,我们必须高度重视原始创新和集成创新,充分发挥科技院所和高等学校在科技创新中的重要作用,切实加强基础研究和高技术研究,力争在前沿科学和高技术领域取得突破;要鼓励发展多项技术集成的产品和产业,选择具有高度技术关联性和产业带动性的产品或项目,实现关键领域的集成创新与突破。同时,我们还必须把引进、消化、吸收国外先进技术与再创新紧密结合起来。既要充分利用国外先进技术,又要克服重引进、轻消化吸收的现象。只有这样,才能大力提高原始性创新能力、集成创新能力和引进消化吸收再创新能力,走出一条具有中国特色的科技创新之路。

(二) 自主创新的特征

基于对自主创新的认识,自主创新具有高智力、高投入、高效益、高风险、竞争与合作、溢出性等鲜明的特征。

1. 高智力

自主创新一般涉及高科技领域,高强度的脑力劳动对创新主体的智力要求相当高。创新主体中的个人或团队一般具有较高的科学文化水平或较强的组织管理能力。从事主体创新活动的人员一般都是科技队伍中的拔尖人才。每个创新型的国家、组织和企业都拥有相应的高级人才队伍、高智力团队。

2. 高投入

自主创新行为一般涉及科学技术的基础领域或尖端领域,对经济基础的要求和人才的要求比较高,研究开发需要投入的社会资源相对较大,位于社会经济活动结构的高层。美国、日本、韩国和芬兰等创新型国家的投入强度均在2%~3%,有时甚至超过这一比例。比如,自 20 世纪 90 年代以来,为认识物质深层结构,揭示宇宙奥秘而开展的欧洲大型电子对撞机计划已经耗资 80 亿美元,动员全世界 80 多个国家 7 000 余名顶级科学家参与这项原始创新研究。

3. 高效益

成功的自主创新活动将会给个人、组织、国家带来巨大的经济、政治、社会效益。这也是自主创新的魅力所在。在自然科学基础领域,原始创新将会为社会进步带来巨大的推动力。在高科技领域的自主创新将会带来巨大的经济效益,为创新者乃至人类带来福祉。比如,我国载人航天技术的发展,不仅带动了航空、信息、材料、能源、生物技术的发展,已经带动和产生了数百亿元的经济效益,而且在军事、政治、外交等方面提高了国家实力,对于维护国家战略安全具有不可估量的影响。

4. 高风险

虽然自主创新具有高效益性,但我们也必须看到自主创新的不确定性问题。据预测,自主创新的成功率仅有 10% 左 右,风险性相对较高。日本曾把模拟信号研发系统列为国家战略,耗资数千亿美元,但最终模拟信号系统被数字信号系统所取代,重创日本科研战略。在市场经济条件下,自主创新过程中的供给创新、方法工艺创新、产品创新、市场创新和制度创新等,是具有内在逻辑联系的价值链。自主创新很大程度上是技术的市场化、商品化和产业化,一头联结技术,一头面向市场,而研发、技术、生产、营销和市场都存在不确定性,创新过程的不确定性必然导致创新系统的高风险性,将极大地限制创新企业的融资、企业之间的创新合作,以及自主创新者对创新路径、技术与产品的选择,从而影响创新绩效。

5. 竞争和合作共存

竞争是自主创新的根本属性之一。在特定的社会环境中,由于荣誉和利益的驱动,自主创新主体之间进行着激烈的竞争。自主创新的竞争体现在国家与国家之间、组织与组织之间、企业与企业之间、个体与个体之间。竞争是把双刃剑,一方面,竞争激发了自主创新的动力,是自主创新的源泉;另一方面,竞争割断了自主创新主体之间的有效沟通,一定程度上造成了资源浪费。

合作是当代自主创新的必由之路。鉴于自主创新具有高智力、高投入、高风险的特征,一些重大的自主创新项目为规避风险,提高效率,走合作道路,实现共赢已经被证明为有效路径。合作的层面涉及国家、组织、企业、个体等,合作的内容包括技术合作、人员合作、融资合作等。以"神舟五号"载人航天为例,全国 110 多个研究院所、学校、基地、工厂直接承担了研制、建设、试验任务,3 000多个单位承担了协作配套任务,数十万人参加了工程研制、建设和试验,成为当代自主创新案例的典范。

6. 溢出性

根据制度变迁理论,技术创新存在着溢出效应。所谓溢出性是指创新组织或者个人的收益与社会收益往往具有不对称性,而且创新价值使得组织或者个人收益往往小于社会收益。在市场经济条件下,企业作为自主创新的主体,自主创新成果及其知识一旦产生,创新成果及其知识的拥有者很难甚至不可能排除他人对创新成果及其知识的模仿与使用。由于溢出效应的存在,自主创新能力相对较弱的发展中国家容易造成自主创新的"系统失灵"和"市场失灵"。市场失灵导致市场不能自发地解决创新过程中的供给与需求问题,主要包括基础研究投资不足、战略高技术的研究开发不足、产业共性技术和竞争前技术的开发不足、创新环境与基础设施建设投资不足。系统失灵导致创新系统本身不能自发地解决创新过程中的激励失效问题,以及不同创新部门从各自的利益出发进行决策,会导致创新系统失效。因此,构建和完善知识产权保护制度对于解决溢出效应问题具有重要的意义。

三、国家自主创新示范区的内涵

自从党和国家做出兴办经济特区重大战略部署以来,深圳经济特区作为我国改革开放的重要窗口,已走过 40 多个年头,各项事业取得显著成绩,已成为一座充满魅力、动力、活力、创新力的国际化创新型城市。2019 年,《中共中央、国务院关于支持深圳建设中国特色社会主义先行示范区的意见》要求深圳建设中国特色社会主义先行示范区,"先行示范区"概念包含了"先行"和"示范"两个关键词,其中"先行"的意思就是"率先(做到)"。"示范"有两个意思:一是"做出榜样或典范,供人们学习",二是"把事物摆出来或指出来使人知道"。

国家自主创新示范区是指经国务院批准,在推进自主创新和高技术产业发展方面先行先试、探索经验、做出示范的区域。基本以原有的国家级高新区为主体,并经过适当调整设立,如北京中关村、武汉东湖、上海张江和宁波的自创区都是以一个高新区为主体创建的。国家自创区作为国家高新技术开发区的升级版和我国探索"创新驱动"经济发展模式的先行区和试验地。自 2009 年 3 月国务院批准建设第一个国家自创区以来,至 2022 年 5 月 9 日,随着哈尔滨、大庆、齐齐哈尔 3 个高新技术产业开发区获批建设为国家自主创新示范区,我国国家自主创新示范区已达到 23 个,涉及 58 个省、市、自治区。从 2009 年最早的中关村自创区,到上海张江自创区,以至近年来的珠三角自创区、乌昌石自创区和哈大齐自创区,国家在自主创新示范区的整体布局上已趋于完整。随着国家发展战略的调整,其中既囊括了国际科技领先城市、东中西几大发展区域,又覆盖了"一带一路"沿线城市;同时,各自创区根据自己区域内的地理优势和特色产业,发展目标也各有侧重,形成了我国自主创新示范区百家争鸣的态势,也更好地为其他国家高新区和区域经济社会的创新发展做出引领和示范。

第二节　自主创新体系相关理论

党的十八大以来,中国共产党围绕自主创新提出了一系列新思想、新论断、新要求和新部署,进一步完善了科技创新思想的理论体系。从科学观的演进维度看,自主创新理论体系是对马克思主义思想的继承和创新。而马克思主义科学观是对科学本质和发展规律的辩证唯物主义认识,指出科学是生产力的思想,科学是以知识形态为特征的一般生产力。

一、自主创新能力的内涵

构建自主创新体系,需要具备自主创新的精神,大力实施自主创新战略。

首先需要培养自主创新能力,需要在世界前沿科技、在科技成果的转化和实现上下功夫。自主创新能力表现在各创新主体对创新的主动追求意识及对创新收益的主导能力。集群和健全的公共创新环境是决定创新能力的关键因素。区域自主创新能力由区域主体及资源构成,在重视创新个体能力建设的同时,为避免"木桶效应",强调区域能力机制系统建设;在重视市场竞争的同时,强调运用服务型政府在创新系统建设中的作用;企业是创新主体,产学研多元主体的互动是这一能力建设的关键。区域自主创新能力是创新所呈现出的具有区域特征的位势,是现代区位经济要素之一。

区域自主创新能力系统是社会经济系统的组成部分,外来创新只停留在技术层面上,将因缺乏成长过程中与引进区域社会、经济系统的互动而欠缺能力培养的必要路径支持。开放条件下,区域自主创新能力还包括集成创新以及引进基础上的再创新能力,其中集成创新能力使各种相关科学技术有机融合,促进产学研紧密结合,补充自主创新大系统的自足性循环要求。引进基础上的再创新能力使区域拥有更开阔的视角,以世界为基点处理区域科技发展问题,补充引进技术成长路径的缺位,引导自主创新的方向性选择及持久性发展。区域自主创新能力与非自主创新能力的主要区别在于对科技成果及未来发展方向的掌控能力。

二、区域自主创新能力的特征

自主创新能力成长过程中所依赖的主体呈现多元化倾向,知识更新的加快使现代的自主创新更强调集体协作行为。

(一)区域自主创新能力的融合性和共享性

区域自主创新能力的融合性体现区域产学研多元创新主体的协同能力,强调各主体与环境及集群的互动,不同区域内隐含的各主体及其与环境长久的契约关系、稳定持久的管理政策及惯例,以及不同主体能力流传播的能力差异有利于特色能力培养。融合性还表现在区域创新不能与当地市场应用相联结,就会失去区域支撑动力。同时,创新活动作为一个增值的、连续性的过程,在区域层面上由现存的社会网络结构和企业间的日常交流行为所决定。

自主创新能力作为区域共同拥有的能力体系,使其产权的归属难以有效被把握,从而造成了交易过程中成本的上升,在复制能力时所具有的障碍(不确定的产权、默会性、复杂性及能力的模糊属性)加深了这一点。因此区域自主创新能力的融合性在一定程度使其区域化特征凸显,区域自主创新能力随着融合性的加强而衍生为区位经济要素。

区域自主创新能力建设的重点在于建立激励各主体参与知识共享的机制。这一机制嵌涵了各主体自身积极发展的过程,并寻求将信息技术所提供的对数据、资料和信息的处理能力与人的发明和创新能力有机的结合点。自主创新能力建设要求区域在知识产权保护框架下尽力协同个体与集体创新知识和能力,优化自主创新能力的溢出通道,实现共享,以达到社会效能最优。

区域自主创新能力融合的核心是当地学习机制和显性及隐含知识的共享所形成的能力共享机制。这种共享机制是重要的。国家范围内共享机制的不健全是目前区域形成自主创新能力结群化的重要原因之一。这种共享性使自主创新能力的交易无法实现或变得不可能。自主创新能力的集体属性增强了其共享性的可能。因此,自主创新能力也具有不易流动性、难以识别、分离和度量性。

(二)区域自主创新能力的关联性和自增强性

区域自主创新能力的融合性及共享性为区域实现范围经济奠定基础。本地经济和社会发展与自主创新能力的紧密结合和密切融合,这既是区域自主创新能力发展的动力和可持续发展的条件,本身也成为区域自主创新能力的载体。自主创新能力已不再只是某个主体的个体素质,而是社会和区域组织的一种内在机制。经济制度和社会属性可能激励自主创新能力,培养出大批具有自主创新能力的主体。由于存在区域经济社会发展对科技需求的广泛性和各产业领域之间、创新活动之间的关联性,区域创新往往不是相互孤立的子系统简单叠加,而是各子系统相互联系的整体系统概念。

能力的本质是知识,知识转化为自主创新能力依赖于知识与区域环境的互动。自主创新能力的自增强性加剧了自主创新能力初始条件的演变,无论显性还是隐含知识在转化为自主创新能力的过程中都不可避免地借助于区域条件、社会和经济环境并加以融合。共享多赢的合作性竞争创新将取代传统竞争创新概念。

（三）区域自主创新能力的动态开放性和累积沉淀性

区域自主创新能力的动态性表现为其随着时序演进而发生的资源和能力的改变，并随时利用新的能力源获取新能力。动态能力更强调建立开拓性学习能力。自主创新能力的区域积累依赖于区域知识的积累以及与知识密切相关的认知学习。能力的差别是以知识存量的差别为基础的，能力是存量知识流动性的表现，没有不断更新的知识支撑，能力将会成为无源之水。

一般而言，自主创新能力是时间序列的增函数，这是其累积沉淀的基础。区域自主创新能力的培养是对不稳定性加以过滤的介质，这就是区域自主创新能力的累积沉淀性。区域内自主创新能力的沉淀过程表现为由于其成长中对环境开放式的依赖及主体的普遍存在性，使自主创新能力隐身在区域内的各个角落，区域自主创新能力培养就是培养随时调用有效自主创新能力的通道和机制。区域非正式的信任机制、声誉、行为惯例和共同价值观，将使创新随时间而自动更新和累积。

（四）区域自主创新能力的个体属性、集体属性和情境性

区域自主创新能力的个体属性使自主创新能力在区域间及区域内必然存在广泛意义上的势差现象。集体属性凸显社会属性，对区域环境因子依赖性较强。生产系统为区域网络所分散，因此区域自主创新能力体系必然分布在区域个体成员中。这些成员依据自身的战略，通过作用于自身的资源、设备、信息和组织等要素，能动地控制自主创新能力的获取、积累和利用。因此，区域自主创新能力能否提升，部分在于区域中个体对自主创新能力的认识、学习和积累能力。如果个体能够通过持续有效的学习活动来积累知识，特别重视对隐含知识的积累、扩散和吸收并外部化，那么区域整体的自主创新能力及知识存量自然会增加，从而正向作用于区域整个创新系统的价值创造。

自主创新能力是区域环境特殊进程的产物。虽然自主创新能力的主体是人，但作用发挥的程度更依赖于环境。区域文化特质中的一些特定的价值观、信仰和共同的行为模式加剧自主创新能力的路径依赖性，从而加强了其对原有生长环境的关注，并使创新资源结合起来实现对区域自主创新能力的不断补充。区域自主创新能力是区域创新主体与环境不断互动，从而产生适合区域独特需要的创新区域形态及不断适应区域经济及社会目标的一种动态性历程，也

是经济和社会协调、可持续发展的源泉。自主创新能力特征的识别有助于对各区域特色自主创新能力路径研究奠定基础。

第三节 区域经济发展与协同理论

人类社会最基本的活动是经济活动,经济活动又总是在一定的地理区域内进行的,经济区域对人类社会的生存与发展是至关重要的。区域经济发展是一门经济学理论(发展经济学),首先由西方发展起来。区域经济(Regional Economy)是指在一定区域内经济发展的内部因素与外部条件相互作用而产生的生产综合体。以一定地域为范围,并与经济要素及其分布密切结合的区域发展实体。区域经济反映不同地区内经济发展的客观规律以及内涵和外延的相互关系。区域经济发展与协同理论包括:区域经济平衡发展理论、区域经济不平衡增长理论、区域经济发展增长极理论、区域经济发展梯度理论、区位优势理论、区域合作理论和自由贸易区理论和协同理论等。

一、区域经济平衡发展理论

区域经济平衡发展理论主要是实现区域各产业协调发展并减少各地区的发展差异为目标,十分注重区域不同产业及地区之间的关联性和互补性,主张要均衡配置生产力,实现不同产业及地区经济的协调发展。但在一般情况下,很多地区根本没有进行平衡发展的实力,特别是经济发展相对缓慢的地区,并不拥有能够发展全部产业和地区的资金和条件;除此之后,过分强调不同产业及地区的平衡发展,会造成发展效率不高的问题;同时将有限的资源投入到不同的产业及地区,不能突出发展重点,总体上会阻碍地区的发展。因此,该理论也有很大的局限性,在实践中应用范围较窄。

二、区域经济不平衡增长理论

美国经济学家赫希曼(1958)的"不平衡增长理论"认为,从长期效应来看,一个国家或地区的经济发展方式,并不是所有产业齐头并进最佳,而是应根据实际情况,有限地发展某个或某几个部门,随后再带动其他部门发展。经济的增长并非是直线的,而是呈波浪式或者螺旋式上升的总体态势,因此无论是狭义的自贸区还是传统意义上的广义自贸区,只要能够实行正确的自由贸易政策,增强国际交流,增加开放程度,不但能保证经济在一定程度上有所发展,还可以提升国民收入和扩大需求,国家自主创新示范区和自由贸易区具备的极强的示范作用随后又能带动其他区域的发展。

三、区域经济发展增长极理论

增长极理论最早是由法国经济学家费朗索瓦·佩鲁提出的,他认为任何地区的经济均是一种非均衡发展关系,根据地区的条件优劣形成先后发展,形成增长极。由不同的方式向外进行扩散,从而使得地区间的经济产生重大影响。增长极理论对于自创区与自贸区联动发展具有指导意义。自创区与自贸区联动发展中,运用增长极理论,在区域自创区和自贸区先形成增长极点,再通过各种渠道扩散到周边地区带动其发展,构建区域经济发展圈。所以增长极理论对自创区与自贸区联动发展来讲,具有重要的理论指导价值。

法国经济学家秘鲁首先提出的增长理论,一个国家经济发展不平衡的理论,增长不能同时发生在各个地区,而是集中分布在一些积极点或生产点上,这些点便叫做经济发展中的增长极。这些增长将在经济活跃的发展之后出现,通过扩散效应引导周边地区成长。后来,穆尔达尔和弗里德曼这些人进一步丰富与发展了这个理论。从一开始,增长极理论就应用在区域规划和开发方面。

我国是一个地广物博的大国,这个情况和要素决定了它的经济不可能均衡发展。因而增长极理论更能贴切地解释我国的经济发展。我国应将经济效益好、开放程度高和科技水平高的区域作为增长极,通过辐射效应来带动周边地区经济发展。中国建立保税区、经济特区、国家自主创新示范区和自由贸易区,这些经济功能区作为中国开放的前沿地域,是与中国国情结合运用的增长极理论。

四、区域经济梯度转移理论

区域经济梯度转移理论认为区域经济的发展情况主要由产业的结构情况决定,而后者主要由地区经济部门决定,尤其是主要的产业处于工业生命周期的什么阶段,若其主要的产业是由处于工业生命周期的创新阶段,说明该地区具有较大发展潜力,应被列入高梯度区域。经济发展水平较高的地区居于高梯度地区,经济发展水平较低的地区属于低梯度地区。高新技术产业应该优先在高梯度地区进行发展,而相对传统的产业则应在低梯度地区发展。区域产业结构的转型升级从高梯地区逐步依次转移到低梯地区。该理论认为进行区域经济发展最首要的是要注重发展效率,同时要兼顾公平,在实践中操作性强,能够广泛应用。同时,不同地区的发展条件和水平上都存在一定程度的不同,尤其是经济发展水平较低的地区,有着更加显著的梯度性,分级推进可以获得更明显的效果。该理论也存在一定的局限性,主要是对划分"梯级"的标准难以进行合理的把握,在地区发展的实践中可能导致地区间发展差距的增加。

五、区位优势理论

区位理论首先由马歇尔和韦伯提出,后经发展,区位优势被一些学者用来解释对外直接投资"去哪儿"的问题。该理论认为,跨国投资企业和东道国出口加工区之间是相互依赖的,是彼此借用对方优势来发展自身的过程。跨国公司的谈判力量在于产品差异化、市场控制力和科技创新能力等;出口加工区的谈判力量在于其区域专有优势和政策支持力度。John R. Mclntyre,R 和 Len J. Trevino、Ajneesh Narula(1996)指出,出口加工区的谈判力量在于其区域政策支持力度与专有优势。出口加工区的优势应该分两种:特殊区位优势和一般区位优势;特殊区位优势指完善的社会服务优势和高水平的经济发展优势。一般区位优势指自然资源优势、政府政策优势与地理位置优势。同时区位优势也是随着时间而变化的。国家自主创新示范区和自贸区应着重培育特殊区位优势,以提高吸引力和竞争力。

六、区域合作理论

区域合作理论包括"新功能学派"理论、"经济圈"或"成长三角"理论。"新功能学派"通过研究欧洲和美国成功发展的贸易集团模式后发现:其成员基本都是发达工业化国家和经济体,他们的目的是通过经济合作达到政治合作的由制度驱使的竞争型贸易集团合作方式。"经济圈"或"成长三角"理论特征是通过制定实施政府间的合作和开放政策推动经济发展等级差异的工业化发达国家或地区与后进发展国家在生产要素方面进行优势互补与经济合作,以此为连接点,将发达国家的优势技术和资金同欠发达国家的劳动力优势和土地资源优势相结合。该理论认为,地缘相近、政府支持及政府间合理协调、完善的基础设施、经济扩展潜力及合作方之间存在较强的经济互补型、市场驱动的成长合作模式,主要功能在于,生产要素配置的优化升级降低了成本,使得协作区域内的商品竞争力增强,实现合作双方的共赢。

七、自由贸易区理论

目前普遍认为 Viner 的关税同盟理论是区域经济一体化发展的经济学核心理论。Viner 在其著作中率先提到了"贸易转移"与"贸易创造"这两大概念,并以此分析关税同盟的经济效应,同时提出区域经济一体化的"贸易创造效应"与"贸易扩张效应"等,至此之后,许多经济研究者在研究区域经济的一体化问题时都采用了相关概念与理论。Meade 就在此基础上于 1955 年的研究中表明,设立自贸区会产生贸易偏转效应。自由贸易区的相关理论由 Robson 在 1980 年的著作中首次被系统地研究,并在此基础上发展了自由贸易区理论。Robson 根据 Meade 等前人对 Viner 理论的补充与完善之后提出有关自贸区经济效应更为系统而全面的经济理论。他指出,自由贸易区的原产地规则无法阻止间接贸易偏转的存在,具体表现为,在自贸区成立之后,只要贸易区一直保持净进口方的身份,低成本参与者就会持续向高成本参与者输出供给商品直至其无法再供给,与此同时,低成本参与者会向其他国家或地区寻求对自身供给缺口的弥补。

八、协同理论

协同理论是德国理论物理学家哈肯(Haken)创立的一种理论,他于 1976 年在《协同学导论》《高等协同学》中系统地论述了协同理论。协同理论认为世界万物是由子系统、系统以及外部环境一起组成,在发展过程中彼此形成互相协调的联系。协同理论突出强调了协同效应、伺服原理和自组织原理,强调各种系统和现象中从无序到有序的规律,并探求它们从无序形成有序中的相似性。在开放系统中,由于大量相互作用的要素运动所产生的协同效应表明:整体的属性不能归结为部分之和,整体具有部分所没有的、特殊的系统属性,即"1+1>2"。在此过程中强调系统内部各个要素(或子系统)之间的差异与协同,强调差异与协同的辩证统一必须达到整体效应等。这种开放性、差异性、协同效应是城市群系统间实现联动发展的前提条件。

协同理论主要研究复杂系统的各子系统之间如何竞争与合作,达到形成整体自组织行为的目的,研究大量子系统组成的新系统进行跟踪追溯,以获得相变以及相变的规律和特征。任何复杂的大系统当在外来能量的作用下或物质的聚集态达到某种临界值时,子系统之间就会产生协同作用,整体通过相互作用力、相互影响,使系统从无序变为有序,即"协同导致有序"。国家自创区与自贸区都是国家重点发展的战略平台,按照协同理论的观点,自创区与自贸区两个区域子系统组成新系统产生的整体效应要大于两者子系统自身单独的作用。合作和竞争是推动各个子系统走向整体协同的内在动力。在相互碰撞、相互改善、相互发展的作用下让自创区与自贸区总系统从无序到有序,整体系统得以优化,只有自创区与自贸区加强配合,联动发展,达到协同发展的状态,才能共同促进区域经济系统的和谐、健康的高质量发展。

第三章

国家自主创新示范区和自贸区建设分析

国家自主创新示范区（Self-dependent Innovation Demonstration Area）是指经中华人民共和国国务院批准，在推进自主创新和高技术产业发展方面先行先试、探索经验、做出示范的区域。中国国家科学技术部指出，建设国家自主创新示范区对于进一步完善科技创新的体制机制，加快发展战略性新兴产业，推进创新驱动发展，加快转变经济发展方式等方面将发挥重要的引领、辐射、带动作用。

第一节　国家自主创新示范区发展概况

一、国家自主创新示范区成立背景

改革开放以来，党中央国务院高度重视我国科技事业的发展。邓小平同志提出，要把科技作为第一生产力。江泽民同志提出，要实施科教兴国战略。胡锦涛同志强调要建设创新型国家。习近平明确指出："科技创新作为提高社会生产力、提升国际竞争力、增强综合国力、保障国家安全的战略支撑，必须摆在国家发展全局的核心位置"，"科技创新是核心，抓住了科技创新就抓住了牵动我国发展全局的'牛鼻子'"。四十多年来，我国科技事业蓬勃发展，涌现出一批重大科技成果，建设成一批重大科技项目，造就出一批杰出的科学家，成长出一批创新型企业。国家高新区集聚了全国约⅓的高新技术企业，培养壮大了一批世界级的产业集群。特别是 1988 年启动中关村科技园区为标志的国家高新区的建设和发展，有力地推动了我国高新技术产业迅速壮大，走出了一条科技含量高、资源消耗少、环境代价小的高新技术产业化的新路。作为我国科技创新运行体系的有力组成部分,国家高新区已经成为我国培育发展高新技术企业和产业的重要载体。国家高新区在经济规模总量上持续支撑国民经济平稳健康发展和地方区域经济动能持续优化升级。2020 年,169 家国家高新区园区生产总值达到 13.6 万亿元,占国内生产总值比重为 13.3%。其中,高新区的园区生产总值占所在城市 GDP 比重达到 50% 以上的有 8 家,达到 30% 以上的为 31家,达到 20% 以上的为 58 家;国家高新区内企业实际上缴税费总额为 18 625.9亿元,占全国税收收入比重达 12.1%。2021 年,全国 169 家国家级高新区预计全年营业收入超过 48 万亿元,同比增长 12% 左右。利润总额 4.2 万亿元,同比增长 17% 左右。国家高新区以 0.1% 的国土面积创造了约全国 13% 的 GDP。实践雄辩地证明了国家高新区是中国科技事业跨越式发展的重要载体,是中国特色自主创新的一个伟大创造。国家高新区主要发挥了改革探索试验田的作用,强化了创新策源地的作用,发挥了高端人才的吸引作用、全链条的孵化作用、国际资源的集聚辐射作用。

近百年来,一个不可忽视的事实是,凡是能够成功应对重大危机的国家,其共同之处在于极为重视科技对未来发展的重要作用,都把科技创新作为发展战略的核心。每一次经济危机都会带来科学技术的新突破,都会孕育新的产业发展和新的经济增长点,从而催生新一轮的经济繁荣。2017 年 10 月 18 日,党的十九大把"加快建设创新型国家"作为贯彻新发展理念、建设现代化经济体系的具体内容之一。2020 年,国务院印发的《关于促进国家高新区高质量发展的若干意见》,提出到 2025 年,高新技术产业体系基本形成,建立高新技术成果产出、转化和产业化机制,攻克一批支撑产业和区域发展的关键核心技术,形成一批自主可控、国际领先的产品,涌现一批具有国际竞争力的创新型企业和产业集群,建成若干具有世界影响力的高科技园区和一批创新型特色园区。习近平总书记在党的二十大报告中强调,必须坚持科技是第一生产力、人才是第一资源、创新是第一动力,深入实施创新驱动发展战略,完善科技创新体系,坚持创新在我国现代化建设全局中的核心地位。

二、国家自主创新示范区发展历程

自 2009 年 3 月北京中关村被批准为第一个国家自主创新示范区(以下简

称国家自创区)以来,武汉东湖、上海张江、深圳、苏南等陆续加入国家自主创新示范区行列,经过13年的建设发展,截至2022年5月,国务院已经陆续批复了23个国家自创区(详见表3-1),以先行先试政策为主要特色的示范区得到了明显的发展。

表3-1　25个国家自主创新示范区

批复时间	国家自主创新示范区	所在省、市
2009年3月	中关村国家自主创新示范区	北京市
2009年12月	武汉东湖国家自主创新示范区	湖北省武汉市
2011年3月	上海张江国家自主创新示范区	上海市
2014年6月	深圳国家自主创新示范区	广东省深圳市
2014年11月	苏南国家自主创新示范区	江苏省南京市、苏州市、无锡市、常州市、镇江市
2015年1月	长株潭国家自主创新示范区	湖南省长沙市、株洲市、湘潭市
2015年2月	天津国家自主创新示范区	天津市
2015年6月	成都国家自主创新示范区	四川省成都市
2015年9月	西安国家自主创新示范区	陕西省西安市
2015年9月	杭州国家自主创新示范区	浙江省杭州市
2015年9月	珠三角国家自主创新示范区	广东省广州市、深圳市、珠海市、佛山市、惠州市、东莞市、中山市、江门市、肇庆市
2016年4月	郑洛新国家自主创新示范区	河南省郑州市、洛阳市、新乡市
2016年4月	山东半岛国家自主创新示范区	山东省济南市、青岛市、淄博市、潍坊市、烟台市、威海市
2016年4月	沈大国家自主创新示范区	辽宁省沈阳市、大连市
2016年6月	福厦泉国家自主创新示范区	福建省福州市、厦门市、泉州市
2016年6月	合芜蚌国家自主创新示范区	安徽省合肥市、芜湖市、蚌埠市
2016年7月	重庆国家自主创新示范区	重庆市
2018年2月	宁波、温州国家自主创新示范区	浙江省宁波市、温州市
2018年2月	兰白国家自主创新示范区	甘肃省兰州市、白银市

（续表）

批复时间	国家自主创新示范区	所在省、市
2018 年 11 月	乌昌石国家自主创新示范区	新疆维吾尔自治区乌鲁木齐市、昌吉市、石河子市
2019 年 8 月	鄱阳湖国家自主创新示范区	江西省南昌市、新余市、景德镇市、鹰潭市、抚州市、吉安市、赣州市
2022 年 4 月	长春国家自主创新示范区	吉林省长春市、长春净月高新技术产业开发区
2022 年 5 月	哈大齐国家自主创新示范区	黑龙江省哈尔滨市、大庆市、齐齐哈尔市

　　各地国家自主创新示范区已成为我国创新发展、转型升级的重要引擎。从地区分布来看，国家自主创新示范区分布较为均匀，除了华东地区有 8 个示范区之外，华南地区、西北地区和东北地区各有 3 个示范区，华北、华中和西南地区各有 2 个示范区。

三、国家自主创新示范区发展特点

　　一是自主创新能力显著提升，高水平创新成果不断涌现。国家自创区已成为我国创新活动最活跃、创新投入强度最大、创新成果最丰硕的区域。中关村在电子信息、生物医药、航空航天等领域产生了一大批国际领先的技术和产品。

　　二是新产业新业态蓬勃发展，创新型特色产业集群不断壮大，转型升级新引擎作用不断增强。东湖国家自创区的光电子信息产业，光纤光缆产量全球第一，市场份额占了全国的 50%、全球的 25%。

　　三是创新创业蔚然成风，"双创"领头羊作用日益凸显。形成了从众创空间、孵化器、加速器到产业园区的完整创新链条和良好创新生态。成都国家自创区以"菁蓉汇"创业品牌为核心，打造菁蓉国际广场创新创业旗舰，全区在孵企业超过 7500 家。

　　四是开放合作深度广度不断拓展，辐射带动作用显著增强。北京中关村、武汉东湖、上海张江、深圳、苏南、天津滨海、西安等 7 个国家自创区对所在地区GDP 增长贡献率都超过 20%。

五是成为改革先行先试"探路者",体制机制创新取得重要突破。中关村先后试点了 16 项政策,其中 12 条政策经其他国家自创区进一步试点后推广到全国实施,在全国产生了积极反响。

第二节　华北、华南和华中国家自主创新示范区建设现状

一、华北国家自主创新示范区

华北地区位于黄河以北地区,包括北京、天津两个直辖市,河北、山西两个省份以及内蒙古自治区,曾经是我国重要的能源主产区和重要的重工业基地。华北地区国家自主创新示范区包括中关村和天津 2 个国家自创区。

（一）中关村国家自主创新示范区[①]

2009 年 3 月,国务院批复同意建设中关村国家自主创新示范区,要求把中关村建设成为具有全球影响力的科技创新中心,成为创新型国家建设的重要载体。2012 年 10 月,国务院批复同意调整中关村国家自主创新示范区空间规模和布局,由原来的一区十园增加为一区十六园,包括东城园、西城园、朝阳园、海淀园、丰台园、石景山园、门头沟园、房山园、通州园、顺义园、大兴－亦庄园、昌平园、平谷园、怀柔园、密云园、延庆园等园区,示范区面积由原来的 233 平方千米,增加到 488 平方千米。

1. 发展现状

2021 年 12 月,中关村示范区领导小组印发《"十四五"时期中关村国家自主创新示范区发展建设规划》,谋定了 2025 年和 2035 年两步走的发展目标。到 2025 年,中关村示范区将率先建成世界领先的科技园区,为北京形成国际科技创新中心提供有力支撑。设定 5 个方面具体目标:①深层次改革创新取得重要突破,基本形成具备前瞻性和包容性的新经济制度环境;②自主创新能力实现显著提升,突破一批"卡脖子"关键核心技术、前沿引领技术和颠覆性技术;③高精尖产业占据全球价值链中高端,产业自主安全水平和产业链韧性进一步

[①]　北京市科学技术委员会、中关村科技园区管理委员会.示范区概况[EB/OL].zgcgw.beijing.gov.cn/zgc/zwgk/sfqgk/sfqjs/index.html.

提升;④创新创业生态达到国际一流,形成与国际接轨的制度体系和治理模式;⑤国际创新合作迈上新的台阶,全球创新资源配置能力和企业国际化水平进一步提高。

中关村示范区始终保持较高的经济发展增长速度。根据 2022 年 1—11 月规模以上企业统计数据,示范区实现总收入 74 834.1 亿元,同比增长 1%;期末从业人员 253 万人,其中研究开发人员 81.6 万人,占期末从业人员 32.2%。2022 年 1—11 月,中关村示范区企业获得专利授权 89 733 件,同比增长 8.9%,占全市企业专利授权量的 64.2%。其中发明专利授权量 39 527 件,同比增长 7.9%,在示范区企业专利授权量中占比 44.0%,占同期全市企业发明专利授权量的 74.9%。2022 年 1—11 月,共有 420 家中关村示范区企业申请 PCT 专利 8 161 件,同比增长 9.4%,占同期全市 PCT 专利申请量的 79.4%。截至 2022 年 11 月底,中关村示范区企业拥有有效发明专利 216563 件,占北京市企业同期有效发明专利量的 69.4%。

2. 发展方向

经过 20 多年的发展建设,中关村已经聚集了以联想、百度为代表的高新技术企业近 2 万家,形成了以下一代互联网、移动互联网和新一代移动通信、卫星应用、生物和健康、节能环保以及轨道交通等六大优势产业集群以及集成电路、新材料、高端装备与通用航空、新能源和新能源汽车等四大潜力产业集群为代表的高新技术产业集群和高端发展的现代服务业,构建了"一区多园"各具特色的发展格局,成为首都跨行政区的高端产业功能区。

(二)天津国家自主创新示范区①

2014 年 12 月,国务院正式批复天津建设国家自主创新示范区,是全国第 7 个国家自主创新示范区,于 2015 年 2 月 26 日,在天津滨海高新技术产业开发区正式挂牌,它致力于打造京津冀科技干线新节点,打造一批具有全球影响力的创新型企业,是京津石高新技术产业带的新引擎。天津创新示范区总用地面积达 55.24 平方公里,主要包括华苑、北辰、南开、武清、塘沽海洋 5 个科技园。

1. 发展现状

2020 年 5 月 18 日,天津市十七届人大常委会第十九次会议审议通过了

---

① 天津国家自主创新示范区.百度百科[EB/OL]. https://baike.baidu.com/item/天津国家自主创新示范区

《天津国家自主创新示范区条例》（以下简称《条例》），自 2020 年 7 月 1 日起施行。为积极融入京津冀协同发展国家战略，充分利用战略机遇叠加的优势，进一步激发天津示范区在京津冀协同发展中的巨大潜能，《条例》规定，支持在示范区创新服务京津冀协同发展的体制机制，优化区域科技协同创新能力，聚集和利用高端创新资源，积极开展科技项目研发合作，打造自主创新的重要源头和原始创新的主要策源地。支持示范区承接科技类非首都功能疏解项目，促进优秀科技成果有效转化。

天津滨海高新区作为国家自主创新示范区，也是深化改革的先行区。截至 2020 年底，示范区拥有国家高新技术企业 2118 家，国家科技型中小企业 1796 家，雏鹰企业 730 家，市级瞪羚企业 87 家，独角兽企业 4 家，市级以上研发机构及平台 400 余家，主要创新指标占全市比重达到四分之一左右。2022 年，天津滨海高新区地区生产总值（GDP）增长 7.7%，规模以上工业总产值增长 8.5%；规模以上营利性服务活动营业收入增长 27.2%；高技术服务业及现代新兴服务业增加值占服务业的 95%。

2. 发展方向

天津国家自主创新示范区自批复创立至今 9 年多，引领示范作用日益彰显，创新发展能级显著提升，创新生态日益完善。而且，天津国家自主创新示范区大力推进《条例》各项规定的贯彻落实，坚持"创新驱动、高端引领、开放合作、特色示范"，围绕新经济、新产业、新业态、新模式，加速创新链和产业链深度融合，持续推进创新体系和创新能力建设，成为天津市提升自主创新和原始创新能力、加快新旧动能转换的重要战略引擎，为加快建设具有国际竞争力的产业创新中心打下坚实基础。具体发展任务包括：打造高端产业体系、加快释放创新活力、进一步优化营商环境、加快推进重点在建项目和推进产城融合发展。

二、华南国家自主创新示范区

华南地区位于中国南部。包括广东省、广西壮族自治区、海南省、香港特别行政区、澳门特别行政区。华南地区国家自主创新示范区包括深圳和珠三角两个国家自创区。

（一）深圳国家自主创新示范区①

2012 年 11 月 4 日，中共深圳市委、深圳市人民政府下达《关于努力建设国家自主创新示范区，实现创新驱动发展的决定》（深发[2012]14 号）。2014 年 6 月，深圳获批我国的第四个国家自主创新示范区，是党的十八大后国务院批准建设的首个国家自主创新示范区，也是我国首个以城市为基本单元的国家自主创新示范区，是北京中关村、武汉东湖高新区和上海张江三个示范区"一区多园"模式的升级版，更加突出城市创新空间上的集约集聚、技术和产业创新上的协同协作，其核心就是构建起完善的综合创新生态体系，打造成为具有世界影响力的国际创新中心。深圳建设国家自主创新示范区获批，意味着深圳在国家自主创新战略中承担着更重要的使命，这也为深圳的产业结构升级，深圳质量和深圳标准的打造注入强大的动力。

深圳国家自主创新示范区总面积 397 平方公里，涵盖了全市 10 个行政区和新区的产业用地，总面积相当于近 35 个深圳高新区，超过了原深圳经济特区面积，可以说是再造了一个"科技特区"。深圳市的 PCT 国际专利的申领连续 10 年高居全国各大中城市之首。具体表现为：新兴产业主引擎作用更加突出，新兴产业增加值比重达到 45%，国高企业突破 22 万家。创新能力实现大跨越，原始创新和引领式创新能力大幅提升，市级以上创新载体累计数达到 2 500 家，PCT 专利申请量达到 82.8 万件。创新人才梯队国际领先，累计引进高层次创新团队突破 350 个，每万名就业人员中研发人员达到 200 人。创新引领经济社会发展能力达到国际先进水平，研发投入占 GDP 比重达到 4.5%，科技进步贡献率达到 64% 以上。片区内部发展均衡度显著提升，推进约 30 个片区转型升级，形成 26 个现代服务片区，44 个高新技术产业片区。

1. 发展现状

《深圳经济特区国家自主创新示范区条例》（以下简称《条例》）于 2018 年 1 月 12 日通过，并自 2018 年 3 月 1 日起施行。《条例》包含科技创新、产业创新、金融创新、管理服务创新、空间资源配置、社会环境建设和法律责任等方面的规定。截至 2022 年初，深圳国家级高新技术企业已超 2 万家，其中深圳高新区的

① 深圳国家自主创新示范区.百度百科[EB/OL].https:// baidu.com/item/ /深圳国家自主创新示范区/14186506? fr=aladdin

国家高新技术企业达到 5075 家,占比全市超过 1/4。深圳国家高新区自主创新呈现出"6 个 90%"的特征:即 90%的创新型企业为本土企业、90%的研发人员在企业、90%的研发投入源自企业、90%的专利产生于企业、90%的研发机构建在企业、90%以上的重大科技项目由龙头企业承担。

2. 发展方向

深圳国家自主创新示范区面积大、片区多、分布广,片区间发展差异显著,全市层面对示范区产业发展和产城融合的统筹引导亟待加强。2019 年 1 月,深圳市政府常务会议审议并获原则通过了《深圳国家自主创新示范区产业规划(2019—2025)》,规划到 2025 年,自创区创新能力进入国际前列,助力深圳形成国际科技产业创新中心的核心功能,在全市重点发展产业中筛选出适合深圳自创区发展的重点行业、重点领域,并结合各片区发展的现状基础与条件,分别制定了 10 个区、70 个片区的发展指引,为十个园区制定了差异化的发展策略,突出各自特色,形成重点突出、高效协作、多样化与特色化并存的统筹发展格局。

(二)珠三角国家自主创新示范区[①]

珠三角国家自主创新示范区于 2015 年 9 月 29 日正式获得国务院批复同意。珠三角国家自主创新示范区覆盖了广州、珠海、佛山、惠州、东莞、中山、江门、肇庆市珠三角 8 个市,连同 2014 年获批的深圳市国家自主创新示范区,广东省已形成 1+1+7 的自主创新示范区城市分工格局,是全国自创区中涵盖城市最多的自创区。珠三角国家自主创新示范区的目标是充分发挥珠三角地区的产业优势和创新资源优势,积极开展创新政策先行先试,激发各类创新主体活力,着力培育良好的创新创业环境,全面提升区域创新体系整体效能,打造国际一流的创新创业中心,努力把珠三角国家自主创新示范区建设成为我国开放创新先行区、转型升级引领区、协同创新示范区、创新创业生态区,打造成为国际一流的创新创业中心。

1. 发展现状

2018 年 3 月 9 日,广州市人民政府正式印发《关于珠三角国家自主创新示范区(广州)先行先试的若干政策意见》(穗府〔2018〕8 号),提出广州市推动国

---

① 珠三角国家自主创新示范区.百度百科[EB/OL].https://baike.baidu.com/i tem/珠三角国家自主创新示范区/21869179? fr=aladdin.

家自创区开展先行先试的政策措施和工作内容。具体包括支持境外资本参与创新创业投资和成果转化活动,发挥双自联动优势促进跨境研发活动便利化,开展生物材料检验检疫监督管理改革试点,设立生物材料进出口公共服务平台,健全出入境及居留政策,支持、鼓励外籍学生和毕业生在广州创新创业,优化创新创业高层次人才激励政策,完善海外高层次人才引进政策,开展科技成果转移转化专业机构建设试点,强化科技成果转移转化平台建设和服务体系建设,设立市科技成果产业化引导基金,拓宽科技企业融资渠道,鼓励国有资本和社会资本共同参与新型研发机构建设,促进知识产权服务业务发展,进一步加大知识产权保护力度,支持运行环境和基础设施建设,打造特色价值创新园区体系等 17 方面共 20 条政策意见。

2. 发展方向

2020 年 4 月,广东省政府引发了《珠三角国家自主创新示范区建设实施方案(2016—2020)》,11 月,省自创办和省自贸办联合印发了《关于推动珠三角国家自主创新示范区与中国(广东)自由贸易试验区联动发展的实施方案(2016—2020)年》,推动自创区与自贸区政策互动、优势叠加、联动发展。珠三角各市均成立了自创区建设工作领导小组,并结合本地实际细化政策措施,形成了各具特色、高含金量的创新政策体系,从创新主体培育、技术改造、科技金融、科技孵化等方面强化政策支持,设计股权投资、产业发展、信用管理、创新创业等方面政策。

三、华中国家自主创新示范区

华中地区位于中国中部、黄河中下游和长江中游地区,包括河南、湖北、湖南三省。华中地区国家自主创新示范区包括武汉东湖、长株潭和郑洛新 3 个国家自创区。

(一)武汉东湖国家自主创新示范区[①]

2009 年 12 月,国务院批复同意支持武汉东湖新技术开发区建设国家自主创新示范区。按照国务院批复对东湖高新区的定位,要使东湖高新区成为推动资源节约型和环境友好型社会建设、依靠创新驱动的典范。其发展目标是:努

---

① 武汉东湖国家自主创新示范区. 百度百科[EB/OL]. https://baike. baidu. com/item/武汉东湖国家自主创新示范区/13887586? fr=aladdin.

力培养和聚集一批优秀创新人才特别是产业领军人才,着力研发和转化一批国际领先的科技成果,在具备优势的基础研究学科前沿领域取得一批原创性成果,做强做大一批具有全球竞争力的创新型企业,培育一批国际知名品牌,建设一批世界一流水平的新型研究机构,全面提高东湖高新区自主创新和辐射带动能力,全力推动东湖高新区科技发展和创新在十年内再上一个新台阶,成为推动资源节约型和环境友好型社会建设、依靠创新驱动发展的典范。

1. 发展现状

武汉东湖国家自主创新示范区以光电子信息为主导,生物、新能源、环保、消费类电子等产业为支柱的高新技术产业集群,诞生了中国第一根光纤、第一个光传输系统,主导制定了一批国际标准、国家标准及行业标准。光电子信息、生物、消费电子、环保等已成为总收入过百亿、数百亿的产业。2022年,东湖高新区(又称光谷)完成地区生产总值2643.81亿元,同比增长6%,全市占比突破14%;市场主体突破18万家,新增企业2.1万户,总数突破12万户,新增上市公司(过会)7家;初步建立了以湖北试验室、大科学装置、国家创新中心、新型研发机构为基石的战略科技力量矩阵,湖北东湖科学城建设初见成效,高新技术企业总数突破5200家。

2. 发展方向

2022年4月,科技部、发改委联合批复湖北省编制《武汉具有全国影响力的科技创新中心建设总体规划》。该规划支持湖北推进东湖国家自主创新示范区改革先行先试,探索构建多元主体共同参与的科技治理体系,深化科技成果转化体制机制改革,健全金融支持科技创新体系,建设汇聚天下英才的高地。

(二) 长株潭国家自主创新示范区[①]

2015年1月,国务院批复同意支持长沙、株洲和湘潭3个国家高新技术产业开发区建设国家自主创新示范区。长株潭国家自主创新示范区将坚持"创新驱动引领区、科技体制改革先行区、军民融合创新示范、中西部地区发展新的增长极"的战略定位,按照"创新驱动、体制突破、以人为本、区域协同"的发展思路和"核心先行、辐射带动、全面提升"的"三步走"路径,努力把示范区建设成为

---

① 长株潭国家自主创新示范区.百度百科[EB/OL]. https://baike.baidu.com/item/长株潭国家自主创新示范区/17507224? fr=aladdin.

具有全球影响力的创新创业之都。

1. 发展现状

长株潭国家自主创新示范区依托长沙、株洲、湘潭三个国家高新技术产业开发区建设,实体经济基础雄厚,科技体制改革成绩突出,城市群协同创新初见成效,涌现出超级稻、超级计算机等一批世界级的科技成果。长株潭以全省14%的国土面积、22%的人口,创造了42%以上的经济总量和财政收入。2021年,长株潭自创区(长沙片区)园区技工贸总收入1.43万亿元,高新技术产业营业收入达6 834亿元。2021年上半年,长株潭国家自主创新示范区湘潭智造谷实现技工贸总收入3 170.7亿元,高新技术产业增加值404.8亿元,增长25.4%。研发经费上报数达38.5亿元,增长24.5%。

2. 发展方向

长株潭高新区将按照具有全球影响力的"一带一部"创新创业中心的战略目标,坚持"创新驱动、产业集聚、军民融合、协同发展"的总体思路,以提高自主创新能力和产业竞争力为核心,夯实实体经济发展基础。作为以城市群为基本单元的国家自主创新示范区,长株潭将加快建设新型试验室体系和技术创新中心体系。

(三)郑洛新国家自主创新示范区[①]

2016年3月30日,国务院同意郑州、洛阳、新乡3个国家高新技术产业开发区(统称郑洛新国家高新区)建设国家自主创新示范区。要求按照党中央、国务院决策部署,全面实施创新驱动发展战略,充分发挥郑洛新地区的区位和交通枢纽优势,积极开展创新政策先行先试,激发各类创新主体活力,着力培育良好的创新创业环境,深入推进大众创业、万众创新,全面提升区域创新体系整体效能,打造具有国际竞争力的中原创新创业中心,努力把郑洛新国家高新区建设成为开放创新先导区、技术转移集聚区、转型升级引领区、创新创业生态区。

1. 发展现状

郑洛新国家自主创新示范区是中原地区的高科技产业中心,也是河南省体制、机制创新的重要示范基地。郑州、洛阳、新乡是河南省创新资源最集中、创

---

① 郑洛新国家自主创新示范区.百度百科[EB/OL].https://baike.baidu.com/item/郑洛新国家自主创新示范区/18982485? fr=aladdin.

新体系最完备、创新活动最丰富、创新成果最显著的区域。郑洛新自创区在2022年第一季度，实现地区生产总值256.84亿元，同比增长5.1%，增幅高出全省0.4个百分点。其中第二产业增加值增长6.2%，高出全省0.4个百分点；第三产业增加值增长3.9%，高出全省0.3个百分点。郑洛新自创区创新主体显著增加，截至2022年3月底，郑洛新自创区拥有高新技术企业数量共计3051家；创新平台载体快速布局，截至2022年3月底，郑洛新自创区拥有省级及以上创新平台载体数量1359家；创新投入稳步增长，2022年第一季度，郑洛新自创区规上工业企业研发费用增长7.4%，规上服务业企业研发费用增长3.6%。项目建设加快推进，2022年第一季度，郑洛新自创区省重点项目开工数量达102个，同比增长30.8%。

2. 发展方向

郑州、洛阳、新乡是河南省创新资源最集中、创新体系最完备、创新活动最丰富、创新成果最显著的区域，以郑州、洛阳、新乡三家国家级高新区为核心建设国家自主创新示范区，将在中原腹地建成一块具有较强辐射能力和核心竞争力的创新"高地"。河南省将在郑、洛、新三个国家高新区着力打造国内具有重要影响力的高端装备制造、电子信息、新材料、新能源、生物医药等产业集群，重点开展科技服务业区域试点和科技成果转移转化、科技企业孵化体系、新型研发组织、科技金融结合等方面的试点示范。

第三节　华东国家自主创新示范区建设现状

华东地区位于中国东部，自北向南包括山东省、江苏省、安徽省、上海市、浙江省、江西省、福建省和台湾省，总面积83.43万平方公里。华东地区国家自主创新示范区包括上海张江、苏南、宁波和温州、杭州、合芜蚌、福厦泉、鄱阳湖和山东半岛共计8个国家自创区。

一、上海张江国家自主创新示范区[①]

2006年，上海高新区经国务院批准正式更名为上海张江高新区，将高新区

---

① 张江国家自主创新示范区.百度百科［EB/OL］.https://baidu.com/item/张江国家自主创新示范区

各园归于张江,以提高自主创新能力为核心的"二次创业"由此起航。2011年1月21日,经国务院批准,在上海张江高新区建设国家自主创新示范区。

（一）发展现状

上海张江从1992年7月的17平方公里,到如今220平方公里,目前已形成生物医药、信息技术、节能环保、高端装备制造、新材料、新能源、新能源汽车和文化科技融合产业等9大产业集群,三十多年来完成从张江高科技园区到张江示范区的转身,实现了从地理名词到科创之城的蜕变,成为上海的科创地标。张江已建、在建和规划的国家重大科技基础设施达到12个,全球规模最大、种类最全、综合能力最强的光子大科学设施集群渐露峥嵘。李政道研究所等一批顶尖科研机构扎根张江,复旦、交大、同济等一批高水平研究机构加速布局。2021年,年度发明专利授权超过35 000件,PCT专利申请超过1 500件。现有在研新药超过660个,其中1类新药占比超50%,获批上市的1类新药已有17个。重大战略科技任务有力实施,C919飞上蓝天,ARJ21飞机实现商业运营,"墨子号"量子卫星、"九章二号"量子计算机原型机等相继问世。国内外创新创业人才纷至沓来,张江集聚了约50万从业人员、2.3万家企业、1 800家高新技术企业、179家外资研发中心,企业总营收突破万亿,年均增长10%以上。数据显示,张江示范区从业人员约238万人,集聚了全市80%以上的高端人才。

2022年上半年,张江科学城完成经营总收入5 044.92亿元,同比增长10.1%;实现工业总产值1 592.81亿元,同比增长12.7%,占全市的9.3%;工业投资完成96.29亿元,同比增长22.3%。此外,税收收入、实到外资均实现正增长。

（二）发展方向

2020年5月1日,《上海市推进科技创新中心建设条例》正式实施,为张江示范区开展体制机制、财税政策、人才政策、科技金融等方面的改革创新提供了法律依据。多年来,国家相关部委先后赋予张江自主创新示范区10项重要的先行先试政策,上海市出台了相应配套政策,这些政策很多都已在全国推广。在税收制度层面,张江示范区率先实施了研发费用加计扣除、职工教育经费税前扣除、技术转让所得税减免、创业投资企业税收抵扣等创新政策,有效降低了企业研发成本。为了聚天下英才,张江探索建立国际人才试验区,率先实行更加开放、更加便利的人才引进政策,设立了全国首家外国人永久居留事务服务中心,颁发了首张外国人永久居留身份证。在知识产权保护方面,建成了首家中国知识产权保护中心、首批国家知识产权运营公共服务平台国家运营(上海)试点平台,首个面向关键核心技术自主可控的专利联盟。

张江的创新主引擎功能全面提升,产业进入全球价值链高端,全面建设成为全球创新创业人才向往、创新创业主体涌现、创新创业活力迸发的具有全球重要影响力的高科技园区。"科学之门"正在如火如荼地建设中,成为上海乃至全球瞩目的地标建筑后,也将是张江示范区面向世界、欢迎全球创业者来张江共建世界一流科学城的象征和标志。

二、苏南国家自主创新示范区①

2014年10月20日,国务院批复支持南京、苏州、无锡、常州、昆山、江阴、武进、镇江等8个国家高新区和苏州工业园区建设国家自主创新示范区。苏南国家自主创新示范区是中国首个以城市群为基本单元的国家自主创新示范区,由8个国家高新区和苏州工业园区组成,横跨了南京、无锡、常州、苏州、镇江5个国家创新型试点城市。苏南自创区是江苏省创新发展的核心引擎,建设苏南国家自主创新示范区对新常态下破解苏南发展瓶颈、促进江苏转型升级、探索实现区域现代化的路径具有重大而深远的意义。

(一)发展现状

自2014年10月获国务院批复建设以来,在省委、省政府坚强领导下,苏南国家自主创新示范区(以下简称苏南自创区)紧紧围绕"三区一高地"的战略定位,加大改革创新和探索突破力度,一体化发展迈出了实质性步伐,支撑引领作用得到了显著提升,取得了重要阶段性成效。如工作推进体系日趋健全、体制机制改革持续深化、创新发展成效更加彰显。

2020年,苏南地区全社会研发投入占地区生产总值的比重达3.4%,研发投入强度接近创新型国家和地区中等水平,高新技术企业总数超过2.3万家,万人发明专利拥有量达62件,高新技术产业产值占规模以上工业产值比重达

---

① 苏南国家自主创新示范区.百度百科[EB/OL]. https://baike.baidu.com/item /苏南国家自主创新示范区/16009019? fr＝aladdin snzcq. jscypt.com

50.1％，科技进步贡献率达 66％，纳米科技、生物医药、物联网、太阳能光伏、超级计算、海工装备等领域的关键核心技术和重大产品创新水平位居国际前列，已经成为我国创新资源密集、创新活动活跃、创新成果丰硕、创新氛围浓厚的地区之一。2022 年全区引进创新型企业 1 210 家、高质量科技项目 377 个。全区企业研发费用加计扣除政策落实企业数 2 588 家、加计扣除额 95.39 亿元，分别同比增长 39.97％及 67.63％，减免企业所得税 23.85 亿元。

（二）发展方向

为深入贯彻江苏省第十四次党代会精神，认真落实《江苏省国民经济和社会发展第十四个五年规划和二〇三五年远景目标纲要》《江苏省"十四五"科技创新规划》《长三角科技创新共同体建设发展规划》和《关于促进全省高新技术产业开发区高质量发展的实施意见》，进一步推进苏南国家自主创新示范区创新一体化集群式发展，制定《苏南国家自主创新示范区发展规划纲要（2021—2025 年）》。

到 2025 年，"三区一高地"基本建成，一体化的区域创新体系更加健全，各类创新要素高效便捷流通，科技资源实现高水平开放共享，涌现一批科技领军人才和创新型企业家，培育集聚一批高水平研究型大学、科研机构和创新型企业，努力实现目标一流、创新一流、产业一流、人才一流，成为引领苏南现代化的主引擎、科技强省建设的主阵地和长三角科技创新共同体的主力军。

三、杭州国家自主创新示范区①

2015 年 8 月 25 日，国务院批复同意杭州和萧山临江 2 个国家级高新技术产业开发区（统称杭州国家级高新区）建设国家自主创新示范区，同意杭州国家级高新区享受国家自主创新示范区相关政策，同时结合自身发展特点，积极在跨境电子商务、科技金融结合、知识产权运用和保护、人才集聚、信息化与工业化融合、互联网创新创业等方面先行先试。

（一）发展现状

2015 年以来，创建杭州国家自主创新示范区工作连续列入省、市深化体制

---

① 杭州国家自主创新示范区.百度百科［EB/OL］. https://baike.baidu.com/item /杭州国家自主创新示范区/18718846? fr＝aladdin.

改革重点专项。杭州自创区认真落实国务院批复精神,全面实施创新驱动发展战略,积极在跨境电子商务、科技金融结合、知识产权运用和保护、人才集聚、信息化与工业化融合、互联网创新创业等方面先行先试,发挥杭州在打造"新时代全面展示中国特色社会主义制度优越性的重要窗口"中的独特作用。2019年,杭州全社会研发经费支出530.4亿元,较上年增长14.2%;有效发明专利拥有量和国家级孵化器数量位居省会城市首位。

（二）发展方向

2020年12月,杭州发布《关于建设国家自主创新示范区核心区打造世界一流高科技园区的若干意见》,聚焦"互联网＋""中国制造2025""一带一路"等国家战略,抢抓杭州拥江发展战略机遇,以更宽视野、更高格局定位高新区(滨江)发展,大力集聚高端人才,主动抢占前沿技术,积极扩大招商引资,着力提升产业层级,把杭州高新区(滨江)打造成为具有全球影响力的创新创业中心,建成快乐创业幸福生活的世界一流高科技园区。

与国内其他国家级自主创新示范区相比,杭州结合自身产业优势、城市特点,突出了"互联网＋"、民营经济和创业创新三大特色,以"建成具有全球影响力的'互联网＋'创新创业中心"为战略目标,积极打造创新驱动转型升级示范区、互联网大众创业集聚区、科技体制改革先行区、全球电子商务引领区和信息经济国际竞争先导区。

四、宁波、温州国家自主创新示范区

2018年2月11日,国务院批复同意宁波、温州高新技术开发区建设国家自主创新示范区,要求打造民营经济创新创业新高地。浙江省和宁波市、温州市根据批复精神,充分发挥民营经济、开放合作的优势,积极开展创新政策的先行先试,大力激发各类创新主体活力和内在动力,着力营造良好的创新创业环境,深入推进大众创业、万众创新,全面提升区域创新体系整体效能,努力把宁波温州国家自创区建设成为科技体制改革试验区、创新创业生态优化示范区、对外开放合作先导区、城市群协同创新样板区、产业创新升级引领区。

（一）发展现状

宁波温州国家自主创新示范区是2015年杭州国家自主创新示范区获批以

来，党中央、国务院赋予浙江的又一重大创新平台，使浙江成为继广东后拥有 2 个国家自主创新示范区的省份。宁波的定位是"新材料和智能制造"，温州的定位则是"生命健康和智能装备"。要求以宁波为核心打造国际一流的新材料和智能制造创新中心，以温州为核心打造具有全国影响力的生命健康和智能装备创新中心，把示范区建设成为全国民营经济创新创业高地。在优化完善创业服务体系方面，积极推进科技企业孵化器、众创空间向专业化方向发展，支持行业龙头企业打造开放式创新创业平台。支持宁波围绕智能经济领域，培育高端装备、新材料、电子信息、智能家电家居等千亿级产业集群。提高企业数字化、智能化生产水平，加快产业数字化转型发展，推进智能生产线、智能车间、智能工厂建设，发展智能制造、协同制造、服务型制造。

（二）发展方向

2020 年 6 月，宁波温州两地自创办、有关园区平台深入对接磋商，紧紧围绕产业高质量协同发展，共谋具体落实举措并加快推进，共同制定《落实宁波温州国家自主创新示范区高质量发展战略合作的 2020 年度工作实施方案》，并发布了《关于落实加快宁波温州国家自主创新示范区高质量发展战略合作框架协议的三年实施方案》（简称《方案》）。根据《方案》，两地围绕统筹落实宁波温州国家自创区建设、探索两地科创走廊联动招商协同发展、探索两地国家高新区共建产业创新共同体、推动"双创"全面对接与合作、加强科技金融联动创新和开展科技人才培养与交流。

此外，两地还将协同开展关键核心技术攻关，聚焦新材料、智能装备、生命健康领域，支持两地企业协同高校、科研院所，组建创新联合体，共同承担重大创新任务。

五、合芜蚌国家自主创新示范区①

2016 年 6 月 8 日，国务院常务会议召开，决定建设合芜蚌国家自主创新示范区，引领带动体制创新和科技创新。合芜蚌国家自主创新示范区，是中国安徽省三大城市：合肥市、芜湖市、蚌埠市，覆盖皖中、皖北、皖南地区，跨皖江城市

---

① 合芜蚌国家自主创新示范区.百度百科［EB/OL］. https://baike.baidu.com/item/合芜蚌自主创新综合配套改革试验区/7454849? fr＝Aladdin.

带、合肥都市圈、沿淮城市群,是长三角城市群众多国家自主创新示范区之一。

合芜蚌自主创新综合配套改革试验区简称"合芜蚌新区",被视为"政策洼地"和"困难高地",合芜蚌自主创新改革试验区,实施创新驱动发展战略,推动大众创业、万众创新,发展新经济,培育新动能,具有重要意义。

(一)发展现状

合芜蚌自主创新示范区经过不断改革发展,已经具备大规模开发建设的总体框架,形成了良性循环的软硬投资环境,吸引了多地区企业的投资,围绕建设综合性国家科学中心和产业创新中心,加快建设新能源汽车、新型显示、机器人等一批重大新兴产业基地,扎实推进太赫兹芯片、精准医疗等一批重大新兴产业工程,组织实施量子通信与量子计算、智能汽车、石墨烯等一批重大新兴产业专项,加快构建创新型现代产业体系。

2020年,合芜蚌自创区实现高新技术产业产值、增加值分别同比增长15.2%和13.8%,分别占全省的48%和48.4%;输出技术合同成交额达450.56亿元,吸纳技术合同成交额达562.29亿元,分别占全省总量的74.8%和49.7%;全年新增发明专利授权达11167件,截至2020年底共拥有有效发明专利达55 720件;合肥、芜湖、蚌埠高新区在最新的全国169家国家高新区综合排名中,分别位居第10、40和51位。

(二)发展方向

2022年,安徽省人民政府办公厅印发《安徽省"十四五"科技创新规划》,规划到2025年,全省科技创新攻坚力量体系和科技成果转化应用体系基本形成,全社会研发经费投入、高新技术企业数、每万人高价值发明专利拥有量等创新主要指标明显提升,区域创新能力保持第一方阵并争先到位,初步建成全国具有重要影响力的科技创新策源地和创新型省份。启动建设合芜蚌国家科技成果转移转化示范区,到2025年示范区内高新技术企业达8 000家、技术合同成交额达800亿元、科技孵化器和众创空间达100家。

六、福厦泉国家自主创新示范区[①]

2016年6月8日,国务院批复同意福州、厦门、泉州3个国家高新技术产

[①] 福厦泉国家自主创新示范区.百度百科[EB/OL]. https://baike.baidu.com/item/福厦泉国家自主创新示范区/19504556? fr=aladdin.

业开发区建设国家自主创新示范区。福州片区重点建设先进制造业基地、21世纪海上丝绸之路沿线国家和地区交流合作的重要平台、两岸服务贸易与金融创新合作示范区。厦门片区重点发展两岸新兴产业和现代服务业合作示范区、东南国际航运中心、两岸区域性金融服务中心和两岸贸易中心。平潭片区重点建设两岸共同家园和国际旅游岛,在投资贸易和资金人员往来方面实施更加自由便利的措施。

（一）发展现状

自 2016 年 6 月获批以来,福厦泉国家自主创新示范区支撑带动作用逐步增强,政策先行先试稳步推进,自主创新能力显著提升,区域创新增长势头强势,创新协调发展不断提升。2021 年,福厦泉自创区以全市 6.66% 的土地面积,集聚了 110 家省级龙头企业(占全市 80.88%),1186 家国家高新技术企业(占全市 57.80%),42 家省数字经济独角兽、瞪羚企业(占全市 91.3%),技术合同交易额达 20.12 亿(占全市 44.70%)。

（二）发展方向

为进一步加快福厦泉国家自主创新示范区建设,2022 年,福建省政府按照《福厦泉国家自主创新示范区建设实施方案》,全力实施"提高效率、提升效能、提增效益"行动,狠抓科技政策落实,从优平台、强主体、聚人才、活机制等 4 个方面,组织实施 12 项工作任务和推进 69 个园区(平台、项目)建设,高质量打造自创区创新高地。支持福厦泉自创区三片区之间以及福厦泉自创区三片区与漳州、三明、莆田、龙岩、南平的高新区之间已认定的国家级或省级重点试验室、工程技术研究中心、工程研究中心、产业技术研究院、科技企业孵化器、企业技术中心、新型研发机构、技术转移服务机构、公共检测平台等科技创新平台开展协同创新。

七、鄱阳湖国家自主创新示范区[①]

2019 年,9 月 25 日,国务院正式批复同意该省南昌、新余、景德镇、鹰潭、抚州、吉安、赣州等七个高新技术产业开发区建设国家自主创新示范区,享受国家

---

① 鄱阳湖国家自主创新示范区正式获批. 中国青年报[N]. https://baijiahao.baidu.com/s? id=1645661262785464592&wfr=spider&for=pc.

自主创新示范区相关政策。江西省七个高新区建设国家自创区,简称为鄱阳湖国家自创区。江西位居中国中部,连接东西、贯通南北,建设鄱阳湖国家自主创新示范区,可以推动国家区域协调发展战略、长江经济带等重大国家战略深入实施;通过承接东部产业转移与打造经济新增长点并举,发挥示范区辐射带动作用,不断优化江西经济发展格局和创新格局,推动江西乃至整个中部地区加快崛起。

(一)发展现状

根据科技部火炬中心公布的 2020 年国家高新区评价结果,鄱阳湖自创区内有 6 个高新区排名实现大幅进位,成效可喜。其中,南昌市高新区从 2019 年的第 30 位上升至 2020 年的第 26 位,依旧处于全国国家级高新区第一梯队。有 3 家高新区实现了两位数以上的排名进位:鹰潭市、赣州市和吉安市高新区都前进了 10 位,分别上升至第 102 位、第 124 位和第 125 位。景德镇市和抚州市高新区都前进了 5 位,分别上升至 81 位和第 87 位。

(二)发展方向

按照国务院的批复要求,鄱阳湖国家自主创新示范区要全面实施创新驱动发展战略,努力建设成为产业技术创新示范区、绿色发展引领区、开放协调发展先行区、创新政策和体制机制改革试验区,打造长江经济带经济与生态联动发展的创新高地。鄱阳湖自主创新示范区发展目标到 2035 年,形成居于全球价值链高端的现代化产业体系,拥有一批本土成长的跨国公司和高成长创新型企业;创新成果惠及广大人民群众,创新发展动力强劲;开放发展不断深化,全球跨区域整合能力突出,成为世界知名创新区域。

八、山东半岛国家自主创新示范区[①]

2016 年 04 月 11 日,国务院批复同意济南、青岛(含青岛西海岸片区)、淄博、潍坊、烟台、威海等 6 个国家高新区建设山东半岛国家自主创新示范区。这是国务院批准的第十三家国家自主创新示范区。根据国务院批复,山东半岛国家自主创新示范区要建成"四区一中心",即转型升级引领区、创新创业生态区、

---

① 山东半岛国家自主创新示范区[EB/OL].百度百科. https://baike.baidu.com/item/山东半岛国家自主创新示范区/19486615? fr=aladdin.

体制机制创新试验区、开放创新先导区,建设具有全球影响力的海洋科技创新中心。

(一) 发展现状

2022 年园区高质量发展百强中,山东 7 个园区上榜 2022 高质量发展园区百强,其中青岛经济技术开发区,位列第 18 位;济南高新技术产业开发区,位列第 19 位;烟台经济技术开发区,位列第 25 位;青岛高新技术产业开发区,位列第 29 位;潍坊高新技术产业开发区,位列第 46 位;威海火炬高技术产业开发区,位列第 52 位;淄博高新技术产业开发区,位列第 71 位。

(二) 发展方向

依托济南、青岛、淄博、潍坊、烟台、威海六个国家高新技术产业开发区,打造具有全球影响力的海洋科技创新中心,把山东半岛国家高新区建设成为转型升级引领区、创新创业生态区、体制机制创新试验区、开放创新先导区。其中,济南高新区要打造具有全国重要影响力的信息通信创新中心,青岛高新区要打造具有全球影响力的海洋科学中心,淄博高新区要构建国内尖端水平、具有全球影响力的新材料创新中心,潍坊高新区要打造中国(潍坊)创新创业孵化示范基地和国家创新人才培养示范基地,烟台高新区要建设国内海洋领域重要的科技成果转移转化策源地和智慧海洋创新中心,威海高新区要打造具有全国影响力和竞争力的军民科技融合创新中心。

第四节　西南、西北和东北国家自主创新示范区建设现状

一、西南国家自主创新示范区①

西南地区东临华中地区、华南地区,北依西北地区,包括重庆市、四川省、贵州省、云南省、西藏自治区共五个省、市、自治区。其中四川盆地是该地区人口最稠密、交通最便捷、经济最发达的区域。西南地区国家自主创新示范区包括成都和重庆 2 个国家自创区。

---

① 成都国家自主创新示范区.百度百科[EB/OL]. https://baike.baidu.com/item/成都国家自主创新示范区/22192650? fr=aladdin.

（一）成都国家自主创新示范区①

2015 年 6 月 11 日，国务院发文批复同意成都高新技术产业开发区建设国家自主创新示范区，是西部首个国家自主创新示范区，是四川省全面创新改革试验区和中国（四川）自由贸易试验区核心区，将致力于建设世界一流高科技园区。

1. 发展现状

成都高新区现有面积 237.3 平方公里，在产业基础、人力资源、科技资源等具有自身优势，依托成都电子信息产业功能区、成都天府国际生物城、成都新经济活力区、交子公园金融商务区和成都未来科技城，加快建设世界一流高科技园区。2021 年，成都高新区 160 余家集成电路企业实现产值 1332.7 亿元，同比增长 11.5%，产业规模位列全国第一方阵，居中西部第一位。截至 2021 年底，成都高新区目前拥有各类人才总量超过 70 万人，有效发明专利累计 23 919 件（高价值发明专利 10 757 件），上市及过会企业总数达 51 家。至 2022 年 7 月，成都高新区已诞生 10 家科创板上市及过会企业。成都高新区入选 2022 年第三代半导体最具竞争力产业园区，并入选 202 园区高质量发展百强榜单，位次和 2021 年一样，排第 7 位。

2. 发展方向

成都高新技术产业开发区将按照党中央、国务院决策部署，全面实施创新驱动发展战略，努力建设成为创新驱动发展引领区、高端产业集聚区、开放创新示范区和西部地区发展新的增长极。为了保障和促进成都国家自主创新示范区的建设和发展，提高自主创新能力，发挥示范区引领辐射带动作用，2022 年，成都国家自主创新示范区以及成都市人民政府制定《成都国家自主创新示范区条例》，围绕电子信息、生物医药和新经济三大主导产业，构建涵盖现代服务业及未来产业的"3＋2"现代化开放型产业体系，着力推进产业"建圈强链"、产业结构优化升级。

---

① 成都国家自主创新示范区.百度百科［EB/OL］. https://baike.baidu.com/item/成都国家自主创新示范区/22192650? fr＝aladdin.

（二）重庆国家自主创新示范区^①

2016 年 7 月 19 日，国务院批复同意重庆依托两江新区核心区与高新技术产业开发区建设国家自主创新示范区，区域范围为国务院有关部门公布的开发区审核公告确定的四至范围，涵盖重庆高新区、璧山高新区、两江新区直管园。

1. 发展现状

重庆自主创新示范区 经过不断改革发展，园区已经具备大规模开发建设的总体框架，形成了良性循环的软硬投资环境，吸引了多地区企业的投资。重庆两江新区高标准建设两江协同创新区等创新平台，着力打造具有全国影响力的科技创新中心核心承载区。目前，新区研发经费投入强度达到 4.3%，战略性新兴制造业占工业总产值比重达到 56.5%，科技型企业、高新技术企业分别超过 6 500 家、1 200 家，高质量发展动能日益强劲。2021 年，两江新区双创发展指数为 188.49，同比增长 7.9%，连续 5 年保持正增长。

2. 发展方向

重庆自创区充分发挥重庆产业优势、体制优势和开放优势，打造具有重要影响力的西部创新中心，努力把重庆高新技术产业开发区建设成为创新驱动引领区、军民融合示范区、科技体制改革试验区、内陆开放先导区。将以重庆自创区、中国（重庆）自由贸易试验区为依托，打造重庆国际物流枢纽园区升级版，探索设立药品与医疗器械审评分中心。

二、西北国家自主创新示范区

西北地区由陕西、甘肃、宁夏、青海、新疆和内蒙古（巴彦淖尔、乌海、阿拉善盟地区）6 省（区）组成。西北地区国家自主创新示范区包括西安、兰白和乌昌石 3 个国家自创区。

（一）西安国家自主创新示范区^②

2015 年 8 月 25 日，国务院批复西安高新技术产业开发区建设国家自主创新示范区，旨在进一步探索具有时代特征、陕西特色的创新驱动发展新路径，深

---

① 重庆国家自主创新示范区.百度百科[EB/OL]. https://baike.baidu.com/item/重庆国家自主创新示范区/22192648? fr=aladdin.

② 西安国家自主创新示范区.百度百科[EB/OL]. https://baike.baidu.com/item/西安国家自主创新示范区/19184537? fr=aladdin.

入推进"一带一路"和"向西开放"战略发展目标的实现。

1. 发展现状

西安高新区有强大的创新资源与基础,有强大的统筹科技资源能力,并已形成创新文化,着力发展战略性新兴产业。2020年6月,西安高新区率先启动了全国首个硬科技创新示范区建设工作,并发布《西安高新区创建硬科技创新示范区建设规划(2020—2023)》,明确了以"123489"的总体思路为指导及到2023年基本建成硬科技创新示范区的"硬"目标。根据该《建设规划》,西安高新区将举全区之力打造具有全球影响力的硬科技创新高地,并形成一批可复制、可推广的硬科技发展模式及制度创新经验,产生一批占据全球产业链高端的硬科技成果,成功转化一批硬科技重大创新示范项目,打造一流硬科技创新发展生态,叫响"全球硬科技"大品牌。

2. 发展方向

西安高新区要按照党中央、国务院决策部署,全面实施创新驱动发展战略,充分发挥西安创新资源优势,积极开展创新政策先行先试,激发各类创新主体活力,着力研发和转化国际领先的科技成果,打造一批具有全球影响力的创新型企业,努力打造"一带一路"创新之都,成为我国创新驱动发展的引领区、把西安国家自主创新示范区建设成为创新驱动的引领区、创新创业的生态区、大众创新创业的生态区、军民融合的示范区、对外开放合作先行区。"十四五"时期,西安要持续发挥国家自主创新示范区引领作用,聚焦产业链与创新链对接不紧密的问题,加快形成创新力足、竞争力强的新型企业集群,不断强化西安国家自主创新示范区在创新引领发展中的主体地位和带动作用。

(二)兰白国家自主创新示范区[①]

2018年2月11日,国务院正式发文批复同意了兰州、白银2个高新技术产业开发区建设国家自主创新示范区,是西北首个获批建设的国家自主创新示范区。批复要求兰州、白银高新区建设国家自主创新示范区要充分发挥兰州、白银的区位优势、创新资源优势和产业基础优势,积极探索欠发达地区通过科技创新实现跨越发展的新路径,努力把兰州、白银高新区建设成为科技体制改

---

① 兰白国家自主创新示范区.百度百科[EB/OL]. https://baike.baidu.com/item/ /兰白国家自主创新示范区/22401088? fr=aladdin.

革试验区、产业品质跃升支撑区、人才资源集聚区、东西合作发展先行区、生态文明建设引领区。同时结合自身特点,积极开展科技体制改革和机制创新,在科技成果转化、创新创业公共服务体系建设、科技金融结合、知识产权保护与运用、军民深度融合、实现绿色发展、对外开放合作等方面探索示范。

1. 发展现状

兰白国家自主创新示范区 经过不断改革发展,园区已经具备大规模开发建设的总体框架,形成了良性循环的软硬投资环境,吸引了多地区企业的投资。2021 年,州高新区实现地区生产总值 350.4 亿元,同比增长 7.7%,第二产业增加值 241.4 亿元,同比增长 9.3%,固定资产投资额 238.5 亿元,同比增长 10.3%。作为高新区首位产业的生物医药,2021 年相关产业累计实现产值 200 亿元,增长 10%。

2. 发展方向

2022 年 7 月,甘肃省政府通过《甘肃省兰白国家自主创新示范区条例》,提出兰白自创区重点发展生物医药、高端装备制造、新能源、新材料、信息技术、节能环保等产业,加快发展物联网、云计算、人工智能、区块链、大数据应用服务以及科技服务、金融服务等现代服务业。应当建立支持技术创新发展工作机制,加大技术创新经费保障力度,完善以企业为主体、市场为导向、产学研深度融合的技术创新体系,形成研究开发、应用推广、产业发展贯通融合的技术创新新局面。促进军民创新融合,构建军民融合协同创新机制、军民信息和设施共享机制,支持企业承担国家军民融合重大专项计划项目或者与军工单位开展研发合作,推进军民两用技术研发与科技成果转化。

(三)乌昌石国家自主创新示范区[①]

2018 年 11 月 23 日,国务院批复同意乌鲁木齐、昌吉、石河子高新技术产业开发区建设国家自主创新示范区,新疆获得全国第 20 个国家自主创新示范区称号。

1. 发展现状

新疆地处祖国西部边疆欠发达地区,是我国向西开放桥头堡和丝绸之路经

---

① 新疆维吾尔自治区政府.关于印发《乌昌石国家自主创新示范区发展规划纲要(2021—2025 年)》的通知[EB/OL].新疆维吾尔自治区人民政府网(xinjiang.gov.cn).

济带核心区。在迈向新时代的伟大征程中,新疆承载着贯彻党的治疆方略、落实创新驱动发展战略、推进"一带一路"建设三大历史使命,在全国稳定和发展大局中具有不可替代的重要地位。2020 年,乌昌石三个高新区已建成各类科技创新平台 275 个,拥有专业技术人员 29 132 人,其中高级专业技术人员 3 834 人。乌鲁木齐国家高新区和昌吉国家高新区综合排名分别在全国第 55 位和第 94 位。

2. 发展方向

乌鲁木齐、昌吉和石河子三地位于天山北坡经济带,是全区最重要的经济走廊和人才、产业、资金集聚地,努力把乌鲁木齐、昌吉、石河子高新区建设成为科技体制改革和创新政策试验区、创新创业生态优化示范区、科技成果转化示范区、新兴产业集聚示范区、转型升级引领区、科技创新国际合作先导区。力争到 2025 年,使新疆整体创新水平处于我国西部省区前列,成为对中亚五国等丝绸之路经济带沿线国家具有较强带动作用的科技创新高地。

三、东北国家自主创新示范区

东北地区指辽宁、吉林、黑龙江三省以及内蒙古东五盟市构成的区域,东北地区国家自主创新示范区包括沈大、长春和哈大齐 3 个国家自创区。

(一) 沈大国家自主创新示范区①

2016 年 4 月 11 日,国务院批复同意沈阳、大连两个国家高新技术产业开发区(统称沈大国家高新区)建设的国家自主创新示范区。批复要求,着力培育良好的创新创业环境,深入推进大众创业、万众创新,全面提升区域创新体系整体效能,打造东北亚科技创新创业中心,努力把沈大国家高新区建设成为东北老工业基地高端装备研发制造集聚区、转型升级引领区、创新创业生态区、开放创新先导区。

1. 发展现状

辽宁建设沈大国家自主创新示范区将更加突出改革创新在振兴发展中的核心位置,在较大区域内整合资源,打造全面深化改革的"试验田"。通过深化

---

① 沈大自主创新示范区.百度百科[EB/OL]. https://baike.baidu.com/item/沈大国家自主创新示范区/19512177? fr=aladdin.

科技体制改革,带动经济体制、社会建设等各项改革加快推进,让老工业基地增添内生动力与活力,并将充分发挥辽宁的产业优势和区位优势,促进与俄、蒙、日、朝、韩科技经贸合作,推进与京津冀、环渤海和东北地区在科技交流、公共服务等方面的合作,使辽宁成为创新资源的聚集区域、互联互通的枢纽区域、开发开放的热点区域。

2. 发展方向

《辽宁省"十四五"科技创新规划》提出以沈大国家自主创新示范区和高新区建设为主要抓手,创建沈阳综合性国家科学中心和大连东北亚科技创新创业创投中心,布局建设创新型城市和区域特色创新平台,推进区域科技创新特色发展、融合发展、协调发展,加快构建"双核驱动、多点辐射、梯次联动"的创新发展格局,支撑构建"一圈一带两区"区域发展格局,积极融入国家创新体系布局和国际创新网络。

(二)长春国家自主创新示范区①

2022 年 4 月 7 日,国务院批复同意长春、长春净月高新技术产业开发区建设国家自主创新示范区。长春新区将不断强化服务企业增强科技创新意识,打造以企业为主体的"官、产、学、研、用"协同创新体系,提高企业自主创新能力,充分发挥企业创新主体作用,加快国家自主创新示范区建设步伐。

1. 发展现状

长春国家自主创新示范区以数字科技城、现代都市农业城、国际医疗城,药谷、光谷、欢乐谷,精细化工产业园、高端服务产业园、国际物流产业园"三城三谷三园"为载体,全面促进创新链、产业链、资本链、人才链、服务链"五链融合",着力提升创新发展首位度、协同度、活跃度、开放度、贡献度"五个维度",构建以创新为引领支撑的经济体系和发展模式。

2. 发展方向

长春、长春净月高新技术产业开发区建设国家自主创新示范区,要按照党中央、国务院决策部署,完整、准确、全面贯彻新发展理念,加快构建新发展格局,全面实施创新驱动发展战略,充分发挥吉林省区位优势、资源优势、人才优

---

① 长春国家自主创新示范区.百度百科[EB/OL].https://baike.baidu.com/item/长春国家自主创新示范区/61143803? fr=aladdin.

势和产业技术优势,积极开展创新政策先行先试,不断提高自主创新能力,建设现代化产业体系,支撑吉林和东北全面振兴全方位振兴,努力把长春、长春净月高新技术产业开发区建设成为吉林全面振兴全方位振兴创新引擎区、体制机制改革先行区、东北亚开放创新枢纽区、创新创业生态样板区、"数字吉林"建设引领区。

（三）哈大齐国家自主创新示范区①

2022年5月13日,国务院批复同意哈尔滨、大庆、齐齐哈尔3个高新技术产业开发区建设国家自主创新示范区。由此,截至2022年6月,全国已累计批准23个国家自主创新示范区。哈尔滨、大庆、齐齐哈尔高新技术产业开发区,在推动传统产业创新转型及培育战略性新兴产业集群、重大科技创新平台建设、科技金融服务创新、创新人才引进培养、校地院地央地和区域协同创新、科技成果转移转化、知识产权全过程管理、对俄及东北亚合作开放能级提升、绿色发展实践等方面探索示范,努力创造出可复制、可推广的经验。

1. 发展现状

哈尔滨、大庆、齐齐哈尔三个高新技术产业开发区作为自创区的核心载体,要结合各自优势创新发展,分别在体制机制改革创新、老工业基地和创新型城市转型、创新创业生态、对俄及东北亚协同开放等方面形成鲜明特色。为了加快推动哈大齐国家自主创新示范区建设工作,2022年7月,黑龙江省政府决定成立哈大齐国家自主创新示范区建设工作领导小组。

2. 发展方向

哈大齐国家自主创新示范区要按照党中央、国务院决策部署,完整、准确、全面贯彻新发展理念,加快构建新发展格局,全面实施创新驱动发展战略,不断提高自主创新能力,建设现代化产业体系,支撑黑龙江和东北全面振兴全方位振兴,努力把哈尔滨、大庆、齐齐哈尔高新技术产业开发区建设成为体制机制改革创新试验区、老工业基地和创新型城市转型示范区、创新创业生态标杆区、对俄及东北亚协同开放先导区。

---

① 哈大齐国家自主创新示范区. 百度百科[EB/OL]. https://baike.baidu.com/item/哈大齐国家自主创新示范区/61902455? fr＝aladdin.

第五节   中国自由贸易区建设现状

目前,全球各类自由贸易园区有 2 000 多个,在创新贸易新业态新模式、推动世界开放合作、促进全球贸易和投资发展等方面发挥着重要作用。

国务院于 2013 年 8 月 22 日正式批准设立中国自由贸易区(以下简称"自贸区"),自 2013 年国务院批复成立首个中国(上海)自由贸易试验区以来,我国已在 21 个省、自治区、市批复设立共计 21 个自由贸易试验区(详见表 3 - 2),形成了覆盖全国东西南北中的改革开放创新格局,在贸易投资便利化、金融服务实体经济、国企改革、生态环境保护等多个领域推出一大批制度创新成果,建成了一批世界领先的产业集群,形成中国对外开放的新高地。

表 3 - 2   21 个国家自由贸易区

批复时间	国家自主创新示范区	所在省、市
2013 年 9 月	中国(上海)自由贸易试验区	上海
2015 年 4 月	中国(广东)自由贸易试验区、中国(天津)自由贸易试验区、中国(福建)自由贸易试验区	广东、天津、福建
2017 年 3 月	中国(辽宁)自由贸易试验区、中国(浙江)自由贸易试验区、中国(河南)自由贸易试验区、中国(湖北)自由贸易试验区、中国(重庆)自由贸易试验区、中国(四川)自由贸易试验区、中国(陕西)自由贸易试验区	辽宁、浙江、河南、湖北、重庆、四川、陕西
2018 年 10 月	中国(海南)自由贸易试验区	海南
2019 年 8 月	中国(山东)自由贸易试验区、中国(江苏)自由贸易试验区、中国(广西)自由贸易试验区、中国(河北)自由贸易试验区、中国(云南)自由贸易试验区、中国(黑龙江)自由贸易试验区	山东、江苏、广西、河北、云南、黑龙江
2020 年 9 月	中国(北京)自由贸易试验区、中国(湖南)自由贸易试验区、中国(安徽)自由贸易试验区	北京、湖南、安徽

一、中国(上海)自由贸易试验区①

2013 年 9 月 27 日,国务院批复成立中国(上海)自由贸易试验区。2015 年 4 月 20 日,扩展中国(上海)自由贸易试验区实施范围共计 120.72 平方公里,涵盖上海外高桥保税区、上海外高桥保税物流园区、洋山保税港区、上海浦东机场综合保税区 4 个海关特殊监管区域(28.78 平方公里)以及陆家嘴金融片区(34.26平方公里)、金桥开发片区(20.48平方公里)、张江高科技片区(37.2 平方公里)。目标是充分发挥金融贸易、先进制造、科技创新等重点功能承载区的辐射带动作用,力争建设成为开放度最高的投资贸易便利、货币兑换自由、监管高效便捷、法制环境规范的自由贸易园区。

二、中国(广东)、(天津)、(福建)自由贸易试验区

2015 年 4 月 20 日,国务院批复成立中国(广东)自由贸易试验区、中国(天津)自由贸易试验区、中国(福建)自由贸易试验区。

(一)中国(广东)自由贸易试验区②

中国(广东)自由贸易试验区实施范围 116.2 平方公里,涵盖三个片区:广州南沙新区片区 60 平方公里(含广州南沙保税港区 7.06 平方公里),深圳前海蛇口片区 28.2 平方公里(含深圳前海湾保税港区 3.71 平方公里),珠海横琴新区片区 28 平方公里。按区域布局划分,广州南沙新区片区重点发展航运物流、特色金融、国际商贸、高端制造等产业,建设以生产性服务业为主导的现代产业新高地和具有世界先进水平的综合服务枢纽;深圳前海蛇口片区重点发展金融、现代物流、信息服务、科技服务等战略性新兴服务业,建设我国金融业对外开放试验示范窗口、世界服务贸易重要基地和国际性枢纽港;珠海横琴新区片区重点发展旅游休闲健康、商务金融服务、文化科教和高新技术等产业,建设文化教育开放先导区和国际商务服务休闲旅游基地,打造促进澳门经济适度多元发展新载体。

---

① 中国(上海)自由贸易试验区.百度百科[EB/OL]. https://baike.baidu.com/item/中国(上海)自由贸易试验区/7272881? fr=aladdin.

② 中国(广东)自由贸易试验区.百度百科[EB/OL]. https://baike.baidu.com/item/中国(广东)自由贸易试验区/16478475? fr=aladdin.

（二）中国（天津）自由贸易试验区①

中国（天津）自贸试验区的实施范围 119.9 平方公里，涵盖三个片区：天津港片区 30 平方公里（含东疆保税港区 10 平方公里），天津机场片区 43.1 平方公里（含天津港保税区空港部分 1 平方公里和滨海新区综合保税区 1.96 平方公里），滨海新区中心商务片区 46.8 平方公里（含天津港保税区海港部分和保税物流园区 4 平方公里）。其中，天津港片区重点发展航运物流、国际贸易、融资租赁等现代服务业；天津机场片区重点发展航空航天、装备制造、新一代信息技术等高端制造业和研发设计、航空物流等生产性服务业；滨海新区中心商务片区重点发展以金融创新为主的现代服务业。目标是努力成为京津冀协同发展高水平对外开放平台、全国改革开放先行区和制度创新试验田、面向世界的高水平自由贸易园区。

（三）中国（福建）自由贸易试验区②

中国（福建）自贸试验区的实施范围 118.04 平方公里，涵盖三个片区：平潭片区 43 平方公里，厦门片区 43.78 平方公里（含象屿保税区 0.6 平方公里、象屿保税物流园区 0.7 平方公里、厦门海沧保税港区 9.51 平方公里），福州片区 31.26 平方公里（含福州保税区 0.6 平方公里、福州出口加工区 1.14 平方公里、福州保税港区 9.26 平方公里）。其中，平潭片区重点建设两岸共同家园和国际旅游岛，在投资贸易和资金人员往来方面实施更加自由便利的措施；厦门片区重点建设两岸新兴产业和现代服务业合作示范区、东南国际航运中心、两岸区域性金融服务中心和两岸贸易中心；福州片区重点建设先进制造业基地、21 世纪海上丝绸之路沿线国家和地区交流合作的重要平台、两岸服务贸易与金融创新合作示范区。

三、中国辽、浙、豫、鄂、渝、川、陕等 7 个自由贸易试验区

2017 年 3 月 31 日，国务院批复成立中国（辽宁）自由贸易试验区、中国（浙江）自由贸易试验区、中国（河南）自由贸易试验区、中国（湖北）自由贸易试验

---

① 中国（天津）自由贸易试验区.百度百科［EB/OL］. https://baike.baidu.com/item/中国（天津）自由贸易试验区/16478503? fr＝aladdin.

② 中国（福建）自由贸易试验区.百度百科［EB/OL］. https://baike.baidu.com/item/中国（福建）自由贸易试验区/16372570? fr＝aladdin.

区、中国(重庆)自由贸易试验区、中国(四川)自由贸易试验区、中国(陕西)自由
贸易试验区。

(一)中国(辽宁)自由贸易试验区①

中国(辽宁)自贸试验区的实施范围119.89平方公里,涵盖三个片区:大连
片区59.96平方公里(含大连保税区1.25平方公里、大连出口加工区2.95平方
公里、大连大窑湾保税港区6.88平方公里),沈阳片区29.97平方公里,营口片
区29.96平方公里。其中,大连片区重点发展港航物流、金融商贸、先进装备制
造、高新技术、循环经济、航运服务等产业,推动东北亚国际航运中心、国际物流
中心建设进程,形成面向东北亚开放合作的战略高地;沈阳片区重点发展装备
制造、汽车及零部件、航空装备等先进制造业和金融、科技、物流等现代服务业,
建设具有国际竞争力的先进装备制造业基地;营口片区重点发展商贸物流、跨
境电商、金融等现代服务业和新一代信息技术、高端装备制造等战略性新兴产
业,建设区域性国际物流中心和高端装备制造、高新技术产业基地,构建国际海
铁联运大通道的重要枢纽。

(二)中国(浙江)自由贸易试验区②

中国(浙江)自贸试验区的实施范围119.95平方公里,由陆域和相关海洋
锚地组成,涵盖三个片区:舟山离岛片区78.98平方公里(含舟山港综合保税区
区块二3.02平方公里),舟山岛北部片区15.62平方公里(含舟山港综合保税区
区块一2.83平方公里),舟山岛南部片区25.35平方公里。其中,舟山离岛片区
鱼山岛重点建设国际一流的绿色石化基地,鼠浪湖岛、黄泽山岛、双子山岛、衢
山岛、小衢山岛、马迹山岛重点发展油品等大宗商品储存、中转、贸易产业,海洋
锚地重点发展保税燃料油供应服务;舟山岛北部片区重点发展油品等大宗商品
贸易、保税燃料油供应、石油石化产业配套装备保税物流、仓储、制造等产业;舟
山岛南部片区重点发展大宗商品交易、航空制造、零部件物流、研发设计及相关
配套产业,着力发展水产品贸易、海洋旅游、海水利用、现代商贸、金融服务、航
运、信息咨询、高新技术等产业。目标是建设成为东部地区重要海上开放门户

① 中国(辽宁)自由贸易试验区. 百度百科[EB/OL]. https://baike.baidu.com/item/中国(辽宁)自由
贸易试验区/19331891? fr=aladdin.
② 中国(浙江)自由贸易试验区. 百度百科[EB/OL]. https://baike.baidu.com/item/中国(浙江)自由
贸易试验区/19331912? fr=aladdin.

示范区、国际大宗商品贸易自由化先导区和具有国际影响力的资源配置基地。

（三）中国（河南）自由贸易试验区[①]

中国（河南）自贸试验区的实施范围 119.77 平方公里，涵盖三个片区：郑州片区 73.17 平方公里（含河南郑州出口加工区 A 区 0.89 平方公里、河南保税物流中心 0.41 平方公里），开封片区 19.94 平方公里，洛阳片区 26.66 平方公里。其中，郑州片区重点发展智能终端、高端装备及汽车制造、生物医药等先进制造业以及现代物流、国际商贸、跨境电商、现代金融服务、服务外包、创意设计、商务会展、动漫游戏等现代服务业，打造多式联运国际性物流中心；开封片区重点发展服务外包、医疗旅游、创意设计、文化传媒、文化金融、艺术品交易、现代物流等服务业，打造服务贸易创新发展区和文创产业对外开放先行区；洛阳片区重点发展装备制造、机器人、新材料等高端制造业以及研发设计、电子商务、服务外包、国际文化旅游、文化创意、文化贸易、文化展示等现代服务业，打造国际智能制造合作示范区。

（四）中国（湖北）自由贸易试验区[②]

中国（湖北）自由贸易试验区于 2017 年 4 月 1 日正式挂牌，实施范围 119.96平方公里，涵盖三个片区：武汉片区 70 平方公里（含武汉东湖综合保税区 5.41 平方公里），襄阳片区 21.99 平方公里（含襄阳保税物流中心〔B 型〕0.281平方公里），宜昌片区 27.97 平方公里（含宜昌三峡保税物流中心〔B 型〕）。其中，武汉片区重点发展新一代信息技术、生命健康、智能制造等战略性新兴产业和国际商贸、金融服务、现代物流、检验检测、研发设计、信息服务、专业服务等现代服务业；襄阳片区重点发展高端装备制造、新能源汽车、大数据、云计算、商贸物流、检验检测等产业；宜昌片区重点发展先进制造、生物医药、电子信息、新材料等高新产业及研发设计、总部经济、电子商务等现代服务业。目标是立足中部、辐射全国、走向世界，努力成为中部有序承接产业转移示范区、战略性新兴产业和高技术产业集聚区、全面改革开放试验田和内陆对外开放新高地。

---

① 中国（河南）自由贸易试验区.百度百科［EB/OL］. https://baike.baidu.com /item/中国（河南）自由贸易试验区/16696356？fr＝kg_general.
② 中国（湖北）自由贸易试验区.百度百科［EB/OL］. https://baike.baidu.com /item /中国（湖北）自由贸易试验区/16522862？fr＝aladdin.

（五）中国（重庆）自由贸易试验区①

中国（重庆）自由贸易试验区于 2017 年 3 月 15 日获国务院正式批复同意设立，实施范围为 119.98 平方公里，涵盖三个片区：两江片区 66.29 平方公里（含重庆两路寸滩保税港区 8.37 平方公里），西永片区 22.81 平方公里（含重庆西永综合保税区 8.8 平方公里、重庆铁路保税物流中心〔B 型〕0.15 平方公里），果园港片区 30.88 平方公里。其中，两江片区着力打造高端产业与高端要素集聚区，重点发展高端装备、电子核心部件、云计算、生物医药等新兴产业及总部贸易、服务贸易、电子商务、展示交易、仓储分拨、专业服务、融资租赁、研发设计等现代服务业；西永片区着力打造加工贸易转型升级示范区，重点发展电子信息、智能装备等制造业及保税物流中转分拨等生产性服务业；果园港片区着力打造多式联运物流转运中心，重点发展国际中转、集拼分拨等服务业。目标是努力建设成为"一带一路"和长江经济带互联互通重要枢纽、西部大开发战略重要支点。

（六）中国（四川）自由贸易试验区②

中国（四川）自由贸易试验区成立于 2017 年 3 月，整体分为成都、泸州两个部分，实施范围 119.99 平方公里，涵盖三个片区：成都天府新区片区 90.32 平方公里（含成都高新综合保税区区块四〔双流园区〕4 平方公里、成都空港保税物流中心〔B 型〕0.09 平方公里），成都青白江铁路港片区 9.68 平方公里（含成都铁路保税物流中心〔B 型〕0.18 平方公里），川南临港片区 19.99 平方公里（含泸州港保税物流中心〔B 型〕0.21 平方公里）。其中，成都天府新区片区重点发展现代服务业、高端制造业、高新技术、临空经济、口岸服务等产业，打造西部地区门户城市开放高地；成都青白江铁路港片区重点发展国际商品集散转运、分拨展示、保税物流仓储、国际货代、整车进口、特色金融等口岸服务业和信息服务、科技服务、会展服务等现代服务业，打造内陆地区联通丝绸之路经济带的西向国际贸易大通道重要支点；川南临港片区重点发展航运物流、港口贸易、教育医疗等现代服务业，以及装备制造、现代医药、食品饮料等先进制造和特色优势产

① 中国（重庆）自由贸易试验区.百度百科［EB/OL］. https://baike.baidu.com/item/中国（重庆）自由贸易试验区/16960665? fr＝aladdin.

② 中国（四川）自由贸易试验区.百度百科［EB/OL］.https://baike.baidu.com/item/中国（四川）自由贸易试验区/19331900? fr＝aladdin.

业,建设成为重要区域性综合交通枢纽和成渝城市群南向开放、辐射滇黔的重要门户。

(七) 中国(陕西)自由贸易试验区①

中国(陕西)自由贸易试验区是党中央、国务院2016年8月31日批准设立的我国第三批自由贸易试验区,是西北地区唯一的自由贸易试验区。实施范围119.95平方公里,涵盖三个片区:中心片区87.76平方公里(含陕西西安出口加工区A区0.75平方公里、B区0.79平方公里,西安高新综合保税区3.64平方公里和陕西西咸保税物流中心〔B型〕0.36平方公里),西安国际港务区片区26.43平方公里(含西安综合保税区6.17平方公里),杨凌示范区片区5.76平方公里。其中,自贸试验区中心片区重点发展战略性新兴产业和高新技术产业,着力发展高端制造、航空物流、贸易金融等产业,打造面向"一带一路"的高端产业高地和人文交流高地;西安国际港务区片区重点发展国际贸易、现代物流、金融服务、旅游会展、电子商务等产业;杨凌示范区片区以农业科技创新、示范推广为重点,通过全面扩大农业领域国际合作交流,打造"一带一路"现代农业国际合作中心。

四、中国(海南)自由贸易试验区②

2018年,中国(海南)自由贸易试验区获批,实施范围为海南岛全岛,以发展旅游业、现代服务业、高新技术产业为主导,主要开展国际投资贸易、保税物流、保税维修等业务。在三亚选址增设海关监管隔离区域,开展全球动植物种质资源引进和中转等业务,把海南打造成为我国面向太平洋和印度洋的重要对外开放门户。

五、中国(山东)、(江苏)、(广西)等6个自由贸易试验区

2019年8月2日,国务院批复同意设立中国(山东)自由贸易试验区、中国(江苏)自由贸易试验区、中国(广西)自由贸易试验区、中国(河北)自由贸易试

---

① 中国(陕西)自由贸易试验区.百度百科[EB/OL].https://baike.baidu.com /item/中国(陕西)自由贸易试验区/19306308? fr=aladdin.

② 中国(海南)自由贸易试验区.百度百科[EB/OL.]https://baike.baidu.com/item/中国(海南)自由贸易试验区/16891981? fr=aladdin.

验区、中国(云南)自由贸易试验区、中国(黑龙江)自由贸易试验区。

（一）中国(山东)自由贸易试验区[①]

2019年8月26日,中国(山东)自由贸易试验区正式设立,实施范围119.98平方公里,涵盖三个片区:济南片区37.99平方公里,青岛片区52平方公里(含青岛前湾保税港区9.12平方公里、青岛西海岸综合保税区2.01平方公里),烟台片区29.99平方公里(含烟台保税港区区块二2.26平方公里)。其中,山东自贸区济南片区重点发展人工智能、产业金融、医疗康养、文化产业、信息技术等产业;青岛片区重点发展现代海洋、国际贸易、航运物流、现代金融、先进制造等产业;烟台片区重点发展高端装备制造、新材料、新一代信息技术、节能环保、生物医药和生产性服务业。标是努力建成贸易投资便利、金融服务完善、监管安全高效、辐射带动作用突出的高标准高质量自由贸易园区。

（二）中国(江苏)自由贸易试验区[②]

2019年8月2日,国务院同意设立中国(江苏)自由贸易试验区,实施范围119.97平方公里,涵盖三个片区:南京片区39.55平方公里,苏州片区60.15平方公里(含苏州工业园综合保税区5.28平方公里),连云港片区20.27平方公里(含连云港综合保税区2.44平方公里)。其中,南京片区建设具有国际影响力的自主创新先导区、现代产业示范区和对外开放合作重要平台;苏州片区建设世界一流高科技产业园区,打造全方位开放高地、国际化创新高地、高端化产业高地、现代化治理高地;连云港片区建设亚欧重要国际交通枢纽、集聚优质要素的开放门户、"一带一路"沿线国家(地区)交流合作平台。

（三）中国(广西)自由贸易试验区[③]

2019年8月2日,中国(广西)自由贸易试验区正式设立。实施范围119.99平方公里,涵盖三个片区:南宁片区46.8平方公里(含南宁综合保税区2.37平方公里),钦州港片区58.19平方公里(含钦州保税港区8.81平方公里),崇左片

---

① 中国(山东)自由贸易试验区.百度百科[EB/OL]. https://baike.baidu.com/item/中国(山东)自由贸易试验区/19331904? fr=aladdin.

② 中国(江苏)自由贸易试验区.百度百科[EB/OL]. https://baike.baidu.com/item/中国(江苏)自由贸易试验区/16983069? fr=aladdin.

③ 中国(广西)自由贸易试验区.百度百科[EB/OL]. https://baike.baidu.com/item/中国(广西)自由贸易试验区/16839479? fr=aladdin.

区 15 平方公里(含凭祥综合保税区 1.01 平方公里)。其中,广西自贸区南宁片区重点发展现代金融、智慧物流、数字经济、文化传媒等现代服务业,大力发展新兴制造产业,打造面向东盟的金融开放门户核心区和国际陆海贸易新通道重要节点;钦州港片区重点发展港航物流、国际贸易、绿色化工、新能源汽车关键零部件、电子信息、生物医药等产业,打造国际陆海贸易新通道门户港和向海经济集聚区;崇左片区重点发展跨境贸易、跨境物流、跨境金融、跨境旅游和跨境劳务合作,打造跨境产业合作示范区,构建国际陆海贸易新通道陆路门户。

(四)中国(河北)自由贸易试验区[①]

2019 年 8 月 2 日,中国(河北)自由贸易试验区正式设立。实施范围119.97平方公里,涵盖四个片区:雄安片区 33.23 平方公里,正定片区 33.29 平方公里(含石家庄综合保税区 2.86 平方公里),曹妃甸片区 33.48 平方公里(含曹妃甸综合保税区 4.59 平方公里),大兴机场片区 19.97 平方公里。其中,河北自贸区雄安片区重点发展新一代信息技术、现代生命科学和生物技术、高端现代服务业等产业,正定片区重点发展临空产业、生物医药、国际物流、高端装备制造等产业,曹妃甸片区重点发展国际大宗商品贸易、港航服务、能源储配、高端装备制造等产业,大兴机场片区重点发展航空物流、航空科技、融资租赁等产业。着力建设国际商贸物流重要枢纽、新型工业化基地、全球创新高地和开放发展先行区。

(五)中国(云南)自由贸易试验区[②]

2019 年 8 月 2 日,中国(云南)自由贸易试验区正式设立。实施范围 119.86平方公里,涵盖三个片区:昆明片区 76 平方公里(含昆明综合保税区 0.58 平方公里),红河片区 14.12 平方公里,德宏片区 29.74 平方公里。其中,昆明片区重点发展高端制造、航空物流、数字经济、总部经济等产业,红河片区重点发展加工及贸易、大健康服务、跨境旅游、跨境电商等产业,德宏片区重点发展跨境电商、跨境产能合作、跨境金融等产业。着力打造"一带一路"和长江经济带互联互通的重要通道,建设连接南亚东南亚大通道的重要节点,推动形成我国面向

---

① 中国(河北)自由贸易试验区.百度百科[EB/OL]. https://baike.baidu.com/item/ 中国(河北)自由贸易试验区/22516634? fr=aladdin.

② 中国(云南)自由贸易试验区.百度百科[EB/OL]. https://baike.baidu.com/item /中国(云南)自由贸易试验区/19331914? fr=aladdin.

南亚东南亚辐射中心、开放前沿。努力建成贸易投资便利、交通物流通达、要素流动自由、金融服务创新完善、监管安全高效、生态环境质量一流、辐射带动作用突出的高标准高质量自由贸易园区。

（六）中国（黑龙江）自由贸易试验区[①]

2019 年 8 月 2 日,中国（黑龙江）自由贸易试验区正式设立。实施范围119.85平方公里,涵盖三个片区:哈尔滨片区 79.86 平方公里,黑河片区 20 平方公里,绥芬河片区 19.99 平方公里(含绥芬河综合保税区 1.8 平方公里)。其中,哈尔滨片区重点发展新一代信息技术、新材料、高端装备、生物医药等战略性新兴产业,黑河片区重点发展跨境能源资源综合加工利用、绿色食品、商贸物流、旅游、健康、沿边金融等产业,绥芬河片区重点发展木材、粮食、清洁能源等进口加工业和商贸金融、现代物流等服务业,着力深化产业结构调整,打造对俄罗斯及东北亚区域合作的中心枢纽。

六、中国（北京）、（湖南）、（安徽）自由贸易试验区

2020 年 9 月 21 日,国务院批复同意设立中国（北京）自由贸易试验区、中国（湖南）自由贸易试验区、中国（安徽）自由贸易试验区。

（一）中国（北京）自由贸易试验区[②]

2020 年 9 月 21 日,中国（北京）自由贸易试验区正式设立。实施范围119.68平方公里,涵盖三个片区:科技创新片区 31.85 平方公里,国际商务服务片区 48.34 平方公里(含北京天竺综合保税区 5.466 平方公里),高端产业片区39.49 平方公里。其中,科技创新片区重点发展新一代信息技术、生物与健康、科技服务等产业,国际商务服务片区重点发展数字贸易、文化贸易、商务会展、医疗健康、国际寄递物流、跨境金融等产业,高端产业片区重点发展商务服务、国际金融、文化创意、生物技术和大健康等产业。加快打造服务业扩大开放先行区、数字经济试验区,着力构建京津冀协同发展的高水平对外开放平台。

---

① 中国（黑龙江）自由贸易试验区.百度百科［EB/OL］. https://baike.baidu.com/item /中国（黑龙江）自由贸易试验区/19331888? fr=aladdin.

② 中国（北京）自由贸易试验区.百度百科［EB/OL］. https://baike.baidu.com/item /中国（北京）自由贸易试验区/53799549? fr=aladdin.

（二）中国（湖南）自由贸易试验区[①]

2020 年 9 月，国务院批复设立中国（湖南）自由贸易试验区。实施范围119.76 平方公里，涵盖三个片区：长沙片区 79.98 平方公里（含长沙黄花综合保税区 1.99 平方公里），岳阳片区 19.94 平方公里（含岳阳城陵矶综合保税区 2.07平方公里），郴州片区 19.84 平方公里（含郴州综合保税区 1.06 平方公里）。其中，长沙片区重点发展高端装备制造、新一代信息技术、生物医药、电子商务、农业科技等产业，岳阳片区重点发展航运物流、电子商务、新一代信息技术等产业，郴州片区重点发展有色金属加工、现代物流等产业。着力打造世界级先进制造业集群、联通长江经济带和粤港澳大湾区的国际投资贸易走廊、中非经贸深度合作先行区和内陆开放新高地。

（三）中国（安徽）自由贸易试验区[②]

2020 年 9 月 24 日，中国（安徽）自由贸易试验区正式揭牌。实施范围119.86平方公里，涵盖三个片区：合肥片区 64.95 平方公里（含合肥经济技术开发区综合保税区 1.4 平方公里），芜湖片区 35 平方公里（含芜湖综合保税区2.17平方公里），蚌埠片区 19.91 平方公里。其中，合肥片区重点发展高端制造、集成电路、人工智能、新型显示、量子信息、科技金融、跨境电商等产业，芜湖片区重点发展智能网联汽车、智慧家电、航空、机器人、航运服务、跨境电商等产业，蚌埠片区重点发展硅基新材料、生物基新材料、新能源等产业，打造世界级硅基和生物基制造业中心、皖北地区科技创新和开放发展引领区。

总体而言，中国自由贸易区建设在促进经济发展、吸引外资和创新资源、推进全球贸易自由化和经济全球化等方面都取得了显著的成效。

---

① 中国（湖南）自由贸易试验区.百度百科［EB/OL］. https://baike.baidu.com/item /中国（湖南）自由贸易试验区/19331920? fr=aladdin.
② 中国（安徽）自由贸易试验区. 百度百科［EB/OL］. https://baike.baidu.com/item / 中国（安徽）自由贸易试验区/19331889? fr=aladdin.

第四章

宁波国家自主创新示范区和自贸区发展现状

国家自主创新示范区是指一些先行开展的高新技术攻关与发展,在取得了一定的成效之后作为示范地区以供借鉴的地区。国家自主创新示范区对于推动我国在转变经济发展方式与产业结构升级、建设创新型国家等领域的工作起到了十分重要的引领领头和带动作用。自我国第一个国家自主创新示范区——北京中关村国家自主创新示范区建立以来,截至 2022 年 5 月,我国已建成 23 个国家自主创新示范区,辐射范围覆盖全国,为推动我国的科技发展和创新工作做出了巨大的贡献。宁波、温州高新技术产业开发区建设国家自主创新示范区于 2018 年正式获批。宁波从此进入了科技创新发展的新阶段,成为我国高新科技的"前沿阵地"。浙江自贸试验区宁波片区于 2020 年 9 月 21 日,经国务院批复同意扩展中国(浙江)自由贸易试验区到宁波片区。

第一节　宁波国家自主创新示范区发展历程

2018 年 2 月,国务院批复同意宁波、温州高新技术产业开发区建设国家自主创新示范区,提出打造民营经济创新创业新高地总目标,努力建设成为科技体制改革试验区、创新创业生态优化示范区、对外开放合作先导区、城市群协同创新样板区、产业创新升级引领区,示范引领全国民营经济创新发展,推动经济建设和长三角城市群协同发展。成为国家自创区,意味着宁波将在推进自主创新和新材料、智能制造等高科技产业发展方面先行先试、探索经验、做出示范。而且,宁波、温州国家自创区建设将摆在全局工作的重要位置,凝聚各方力量扎实推进,取得重要进展,成为浙江省产业高地、人才高地和创新高地,为全省高质量发展提供有力支撑。2019年,浙江省委省政府出台《浙江省大都市区建设行动计划》,提出依托杭州、宁波、温州、金义四大都市区,打造参与全球竞争主阵地、长三角高质量发展示范区、浙江现代化发展引领极,努力成为长三角世界级城市群一体化发展金南翼。

一、宁波高新技术产业开发区建设历程

宁波国家自主创新示范区(以下简称"国家自创区")源于宁波高新技术产业开发区,宁波国家高新技术产业开发区(简称宁波国家高新区、宁波高新区)前身是宁波市科技园区,始建于1999年7月。高新区东临宁波深水良港,南接杭甬高速公路,西靠宁波市区,北连杭州湾跨海大桥,是宁波建设创新型城市的重要载体和长江三角洲南翼的科技创新基地,先后引进中科院材料所、兵科院宁波分院、宁波中科集成电路设计中心、宁波微软技术中心、TRW亚太技术中心等科技研发机构145家;集聚日本三洋、美国伊顿和日银IMP微电子、升谱光电、永新光学、韵升控股、宁波水表、长阳科技、金田铜业等各类企业2 000多家;建成了宁波市科技创业中心、浙大科创中心等总面积达25万平方米的高水准"孵化器",引进各类科技人才2.8万人,现已建设成为交通便捷、信息畅通、配套完善、功能齐全、人才荟萃、环境优美的数字化、生态化科技新城区。

2007年1月,经国务院批准,升级为国家高新技术产业开发区。2018年2月1日,国务院做出关于同意宁波高新技术产业开发区建设国家自主创新示范区的批复。2018年12月,浙江省委、省政府印发《关于推进宁波温州国家自主创新示范区建设的若干意见》,支持宁波温州搭建开放创新平台,推动创新要素跨区域流动,为全国科技创新区域协同发展和开放合作做出示范。2018年11月29日,浙江省省长袁家军在宁波调研国家自主创新示范区时强调,要深入学习贯彻习近平总书记关于创新驱动发展战略的重要论述,按照中央和省委决策部署,以国家自主创新示范区建设为重大战略平台,深入实施创新驱动发展战略,在谋创新、抓创新、强创新上有更大作为,充分发挥创新型企业主体作用,高标准、高质量、高效率建设示范区,努力把示范区建设成为引领全省高质量发展的重要引擎、浙江民营经济创新创业的战略高地,为"两个高水平"建设提供有力支撑。2019年7月,荣获全国模范劳动关系和谐工业园区。根据科技部公

布的 2021 年度国家高新区综合评价结果,宁波高新区在全国国家高新区综合排名中列第 13 位。

二、宁波国家自主创新示范区的创新体制

宁波围绕打造民营经济创新创业新高地的总目标积极落实各项举措。2019 年 12 月,宁波、温州签订《关于加快宁波温州国家自主创新示范区高质量发展战略合作框架协议》,宁波、温州两地按照目标共识、策略共商、难题共克、经验共享的协作机制推动两地协同发展。一是优势互补,积极凝聚国家自创区协同发展合力。宁波温州各具特色、定位清晰,围绕以宁波为核心打造国际一流的新材料和智能制造创新中心,以温州为核心打造具有全国影响力的生命健康和智能装备创新中心的目标,共同把示范区建设成全国民营经济创新创业高地。二是锚定战略目标,共同编制国家自创区建设发展规划。宁波市政府、温州市政府会同省科技厅共同编制《宁波温州国家自主创新示范区发展规划纲要》,明确将宁波温州国家自创区打造成为具有全球影响力的新材料、智能制造、生命健康创新中心,实现打造民营经济创新创业新高地的总体定位目标。三是聚焦改革突破,统筹谋划国家自创区先行先试政策。共同设计并提出在宁波温州国家自主创新示范区设立民营科技银行试点、开展促进产业科技创新与产业培育试点等先行先试政策。四是强化政策供给。坚持高标准和先行先试,出台高质量建设国家自主创新示范区的实施意见,研究提出"科技新政 46 条",其中有 14 条在全国范围具有一定改革性和创新性,支持全市域建设国家自创区。五是强化组织保障。成立国家自创区建设专项领导小组和办公室,协调推进自创区政策制订、规划编制、重大专项实施等相关工作。同时建立市级部门、区县(市)共同参与、专班运作的"科技争投"协同推进机制,确保每一项行动任务责任到人。

强调建设杭州国家自主创新示范区和宁波温州国家自主创新示范区,是党中央、国务院赋予浙江的重大使命。要把抢抓长三角一体化发展上升为国家战略的历史机遇,全面践行新发展理念,以创新和实干擦亮示范区的"金牌子"。要聚焦重点任务,在深化科技体制改革、优化创新创业生态、深化对外开放合作、引导民间资本开展创新创业等方面加大工作力度,加快建设宁波甬江、温州

瓯江科创大走廊等重大平台和重大项目,推动互联网、新材料、智能装备、激光与光电、生命健康等战略性新兴产业发展。要着眼打造"产学研用金、才政介美云"十联动的创新创业生态系统,实施高新技术和科技型中小微企业倍增计划,加快城市能级提升建设,积极融入长三角城市群,推进基础设施互联互通,增强城市现代化公共服务。要强化推进机制,落实宁波、温州两市主体责任,加强省级部门协同联动,建立健全示范区建设的指标体系、工作体系、政策体系、评价体系,全面推动"科技新政50条"在示范区率先落地。

"产"是指以企业为主的产业化活动;"学"是指以高校为主的教学活动;"研"是指研究开发或科技创新活动;"用"是指科技成果的转化运用;"金"是指科技金融的深度融合;"才"是指科技人才团队的引进培育;"政"是指政府的公共创新服务体系;"介"是指科技中介服务;"美"是指美好的创新创业生态环境;"云"是指以"互联网+"、大数据、云计算为代表的信息技术应用。

"产学研用金、才政介美云"十联动,即发挥体制机制优势,统筹政府、产业、高校、科研、金融、中介、用户等力量,整合技术、资金、人才、政策、环境、服务等要素,形成创新链、产业链、资金链、人才链、服务链闭环模式,打造创新创业的各类主体和要素融通创新、协同创新的一个生态系统。

第二节　宁波国家自主创新示范区创新能力评价

截至2022年5月,我国累计批准23个国家自主创新示范区,而国内学术界鲜有研究浙江的杭州与宁波温州国家自创区。

一、宁波国家自主创新示范区发展概况

宁波国家自创区的总体定位是打造民营经济创新创业新高地,努力建设成为科技体制改革试验区、创新创业生态优化示范区、对外开放合作先导区、城市群协同创新样板区、产业创新升级引领区,示范引领全国民营经济创新发展,推动经济建设和长三角城市群协同发展。

宁波国家自创区是在宁波市高新技术产业开发区基础上建立的,自2018年获批建设至今,已初步成为科教资源丰富、创新创业氛围浓厚、新兴企业成长

迅速、高素质人才集聚、体制机制不断完善的创新区域。近年来,宁波市加大科技创新力度。国家自主创新示范区、甬江科创区、软件园建设全面推进,甬江实验室启动建设,引进共建产业技术研究院 46 家,省部共建国家重点实验室实现"零"的突破。高新技术企业、科技型中小企业数量"双倍增",研发投入强度提升到 3%。攻克一批重点领域关键核心技术,获得国家级科学技术奖励 26 项。有效发明专利拥有量"翻番",制修订国际国家标准 988 项。截至 2020 年末,宁波拥有高新技术企业 3102 家,居全国重点城市中的第 18 位;2020 年全市数字经济核心产业产值达 746.9 亿元,与 2018 年相比,年均增长 10.7%,总量次于杭州,位居全省第 2 位。

2021 年,高新区实现全社会研发投入约 28 亿元,实现有效发明专利 4 162 件,高新技术产业和战略性新兴产业增加值分别同比增长 30.1% 和 32.4%,占规上工业增加值比重分别达 95.1% 和 82%,科技服务业增加值占规上服务业增加值比重也达到了 43%。仅 2021 年一年,高新区就新增高新技术企业 181 家,有效高新技术企业达 435 家。其中,新增 11 家、总计 13 家企业入选国家级专精特新"小巨人"企业名单,3 家企业入围浙江省民营企业百强榜单。2021 年,宁波软件园新增软件相关人才硕士 70 名,博士 20 名。超进度完成市区两级人才项目申报工作,项目申报数量共 67 个,较 2020 年同期增长 46%。13 个项目入选,较 2020 年同期增长 85%。宁波还拥有宁波大学、宁波诺丁汉大学、中科院宁波材料所、宁波新材料科技城等高校院所和创新平台。

二、国家自主创新示范区创新能力评价指标体系构建

区域创新体系是一种泛指在特定区域内由公共和私人机构共同组成的,以知识开发和技术创新为目的的交互网络。国家自主创新示范区作为区域创新体系,其创新能力的具体表现包括当地环境、对外开放程度、资源、效率水平、驱动性因素等诸多领域的综合评价性指标和影响因素。

创新能力评价指标权重的设置与确定作为一项综合衡量工作,它是在评价研究过程中的一个核心环节,直接关系到最终结果分析的准确度与科学性。参考《我国国家高新区创新能力评价研究》和《国家高新区创新能力评价报告(2019)》,并根据宁波国家自主创新示范区实际开发情况,构建了创新资金投

入、创新绩效、创新主体、创新人才、创新环境等 5 个不同方面的指标（详见表 4‑1）。

表 4‑1　国家自主创新示范区创新能力评价指标体系

目标层	准则层	方案层	权重
国家自主创新示范区创新能力 A	创新投入 B_1	研究与试验发展经费支出 C_{11}（亿元）	0.0273
		研究与试验发展经费支出占地区生产总值的比重 C_{12}（%）	0.0028
		新产品开发经费支出 C_{13}（亿元）	0.0224
		科学技术支出 C_{14}（亿元）	0.1819
		规上工业企业研发费用 C_{15}（亿元）	0.0120
	创新主体 B_2	高新技术企业有效数 C_{21}（家）	0.0449
		科技型中小企业数 C_{22}（家）	0.0413
		普通高等院校数量 C_{23}（所）	0.0018
		规模以上工业企业个数 C_{24}（个）	0.0034
		省级企业研究院数 C_{25}（个）	0.0447
	创新人才 B_3	在校大学生数量 C_{31}（万人）	0.0264
		规模以上工业企业 R&D 人员 C_{32}（人）	0.0076
		引进全职海内外院士数量 C_{33}（人）	0.1381
		高技能人才 C_{34}（万人）	0.0206
		博士、博士后数量 C_{35}（人）	0.0251
	创新绩效 B_4	高新技术产业增加值 C_{41}（亿元）	0.0886
		获国家级科学技术奖励数 C_{42}（项）	0.0146
		有效发明专利拥有量 C_{43}（件）	0.0671
		专利申请数 C_{44}（件）	0.0252
		技术交易额 C_{45}（亿元）	0.1194
	创新环境 B_5	全年 GDP C_{51}（亿元）	0.0124
		博士后科研工作(流动)站 C_{52}（家）	0.0200
		国家级孵化器数量 C_{53}（个）	0
		国家级企业技术中心 C_{54}（家）	0.0526
		国家级众创空间 C_{55}（家）	0

三、宁波国家自主创新区创新能力实证评价分析

根据 2017—2019 年的《宁波统计年鉴》和《宁波科技统计年鉴》中的相关数据(见表 4 - 2),通过熵权法评价宁波国家自主创新示范区创新能力。

表 4 - 2　2017—2019 年创新指标原始数据

指标	2019 年	2018 年	2017 年
研究与试验发展经费支出 C_{11}(亿元)	323.94	276.17	241.91
研究与试验发展经费支出占地区生产总值的比重 C_{12}(%)	2.70	2.57	2.46
新产品开发经费支出 C_{13}(亿元)	314.4	269.02	241.9
科学技术支出 C_{14}(亿元)	123.65	78.26	58.79
规上工业企业研发费用 C_{15}(亿元)	263.1	239.6	216.6
高新技术企业有效数 C_{21}(家)	2149	1741	1479
科技型中小企业数 C_{22}(家)	15134	12524	10548
普通高等院校数量 C_{23}(所)	15	15	16
规模以上工业企业个数 C_{24}(个)	8240	7600	7499
省级企业研究院数 C_{25}(个)	94	99	69
在校大学生数量 C_{31}(万人)	20.6	15.6	19.6
规模以上工业企业 R&D 人员 C_{32}(人)	115649	112311	99714
引进全职海内外院士数量 C_{33}(人)	19	11	11
高技能人才 C_{34}(万人)	48.4	42.5	37.5
博士、博士后数量 C_{35}(人)	7893	6876	5952
高新技术产业增加值 C_{41}(亿元)	2142.88	1429.8	1337.5
获国家级科学技术奖励数 C_{42}(项)	5	6	5
有效发明专利拥有量 C_{43}(件)	16032	12818	10083
专利申请数 C_{44}(件)	26392	21468	20304
技术交易额 C_{45}(亿元)	216.4	162.8	115.8
全年 GDP C_{51}(亿元)	11985.12	10746	9846.9

（续表）

指标	2019 年	2018 年	2017 年
博士后科研工作(流动)站 C_{52}(家)	189	161	148
国家级孵化器数量 C_{53}(个)	10	10	10
国家级企业技术中心 C_{54}(家)	30	24	20
国家级众创空间 C_{55}(家)	23	23	23

1. 数据标准化处理

由于各评价指标之间存在不同的数量级与量纲差异,利用极差标准化法对指标数据进行标准化处理。

$$\text{正向数据处理公式如下}: Y_{ij} = \frac{X_{ij} - \min(X_i)}{\max(X_i) - \min(X_i)} \tag{4-1}$$

$$\text{负向数据处理公式如下}: Y_{ij} = \frac{\max(X_i) - X_{ij}}{\max(X_i) - \min(X_i)} \tag{4-2}$$

式中,Y_{ij} 是第 i 个评价对象、第 j 项评价指标的标准化值;X_{ij} 是第 i 个评价对象、第 j 项评价指标的原始数据;$\min(X_i)$ 是第 j 项指标中的最小数值;$\max(X_i)$ 是第 j 项指标中的最大数值。

计算第 j 项指标下第 i 个评价对象占该指标的比重,得到 P_{ij} 矩阵。

$$P_{ij} = \frac{X_{ij}}{\sum_{i=1}^{m} X_{ij}}, i = 1, 2, \cdots, m; j = 1, 2, \cdots, n \tag{4-3}$$

2. 熵权法确定指标权重

通过计算每个指标的信息熵从而获得每个指标的权重,在 m 个被评价对象、n 项指标的评价问题中,第 j 个指标的熵值计算公式如下:

$$e_j = -k \sum_{i=1}^{m} P_{ij} \ln(P_{ij}) \tag{4-4}$$

其中 ln 为自然数,$0 \leqslant e_j \leqslant 1$,一般令 $k = \frac{1}{\ln m}$。

计算第 j 项指标的差异系数,$g_j = 1 - e_j$ $\tag{4-5}$

对于第 j 项指标,指标值 X_{ij} 的差异越大,对方案评价的作用越大,熵值就越小,则 g_j 越大指标越重要。当 $g_j = 0$,第 j 项指标可以剔除,其权重等于零,各指标权重结果见表 4-1。

$$W_j = \frac{g_j}{\sum_{j=1}^{n} g_j} \qquad (4-6)$$

3. 计算综合评价值

运用线性加权法计算综合评价值,具体结果见表4-3。

$$S_i = \sum_{j=1}^{n} W_j \cdot P_{ij} \qquad (4-7)$$

表4-3 评价值

年份	评价值
2017 年	0.2644
2018 年	0.3128
2019 年	0.4228

通过上述计算结果可知,宁波市 2017—2019 三年来的创新能力评价值稳步提高,特别是 2018 年宁波国家自主创新示范区获批成立之后,2018 年至 2019 年的涨幅较 2017 年至 2018 年翻了一番,证明宁波国家自创区的创新能力具有强大动力和潜力。

四、宁波国家自主创新示范区创新能力评价结果分析

根据评价结果,宁波国家自主创新示范区的得分连年增加,这也说明宁波国家自主创新示范区自 2018 年获批以来,整体创新能力逐年提升,在创新能力方面,依托本地优势,有较好的创新产出。但是也有一些不足之处,如国家级众创空间和国家级孵化器的数量在三年内几乎没有增加,除此之外,2019 年省级企业研究院数目较 2018 年有所下降,远不及此前 2017 至 2018 年增加的数量。因此,为了更好地促进宁波国家自创区的发展,立足宁波本地的优势提高创新能力和创新竞争力,提出如下对策。

(一)支持和鼓励创新发展的主体

宁波地区民营经济发达,地区经济充满活力,但创新意识和动力尚有不足。政府应当主动引导企业加大研发投入,鼓励企业开展自主研发。同时加快落实和推进创新创业的相关政策法规,为企业营造良好的创新环境。鼓励中小型科

技企业的建设发展和传统中小企业的转型升级,培育大型创新型领军企业,鼓励创新型领军企业肩负起更加重大的使命,建设出一座高低搭配,大中小企业各司其职,层次分明,百花齐放的创新高地。

(二)大力建设创新平台,提升区域创新能级

加快布局建设甬江科创大走廊,建立完善的创新平台。依托宁波当地科研力量,加强在智能技术、软件工程、材料技术、生物技术、精密仪器等高新科技领域进行全方位布局。加强和中长三角区域高校以及中科院系统研究所等科研实体的交流与联系。同时,对已在宁波落地的研究院等科研机构给予支持,并且加快吸引外来科研机构的落户,从而进一步强化宁波的科研实力与创新水平。

(三)强化区域协作,推动科技创新合作

首先加强省内合作,推动宁波同杭州、绍兴、温州等地区的科研与创新协作,在前沿高新技术产业方面加强联系与布局;其次加强宁波同长三角地区的合作与交流,推动宁波企事业单位与长三角区域高校院所合作承担重大科技项目,跨区域联合攻关突破高难技术,带动新兴产业规模化发展。同时也要推动长三角区域内创新协作,加强各大城市间的协调创新发展规划,进一步强化长三角地区战略协同和科技创新协调发展。尤其要加强与长三角地区内其他国家自主创新示范区之间的合作互动,推进宁波深度融入长三角地区创新协同体系。最后加强与国外的科技合作,引入国外的创新科技高层次高水平人才,建立中外合作科技创新基地,推进宁波与国际的技术交流和联合研发等。

(四)培育和引进创新人才,为自创区发展提供人才供给

人才是推进自主创新的关键,加快引进顶尖人才的同时,也要加强当地人才培育和发掘,要保证引进人才与培养人才两手抓。加大对宁波本地高校实验室和研究中心的投入,力求培养出熟悉当地情况且拥有创新思维的本土人才,为宁波国家自主创新示范区不断输送新鲜血液。

(五)大力改革,完善政策和制度问题

打破制约创新科技发展的体制机制障碍,创造更好的政策环境。加快破除各种科技创新的区域壁垒,重视自主创新和协作攻关,构建一个更为完善的科技公共服务平台以及更为开放的地方科技服务网络。

第三节　杭甬温国家自主创新示范区一体化发展分析

自中国设立国家自主创新示范区以来,自创区已成为中国创新发展、转型升级的重要引擎,对国家自创区高质量一体化发展的研究有助于以集聚效益提升示范区综合实力,也能为未来经济的进一步发展与转型升级提供参考。

高新技术企业是示范区的重要支柱。在当前外部形势和市场环境复杂多变的情况下,广大企业要拿出不畏艰难、坚韧不拔、奋力打拼、追求卓越的劲头,以一往无前的执着抓技术创新,依靠创新推动数字化转型,依靠创新降成本、增效益、创品牌,依靠创新提高供给体系质量和效率,积极抢占高质量发展制高点。要充分发挥"宁波帮、帮宁波"的独特优势,紧紧抓住全省大力实施"凤凰行动""雄鹰行动""雏鹰行动"的发展机遇,发挥资本市场的力量,加快企业上市和并购重组,集聚各类创新资源,聚焦突破核心技术,再造宁波发展新优势。

加快建设一批国家自创区,既是发挥科技创新的驱动引领作用、推进大众创业万众创新的重要举措,也是调动各地发展积极性,鼓励竞相创新发展的有效措施,还是应对当前经济下行压力、培育发展新动能的重要抓手。

一、杭甬温国家自主创新示范区发展概况

自 2009 年 3 月北京中关村被批准为第一个国家自主创新示范区以来,国务院已经陆续批复了 23 个国家自创区。我国提出了国家自主创新示范区的概念,2015 年 8 月,国务院批复同意杭州和萧山临江 2 个国家级高新技术产业开发区统称杭州国家级高新区,建设国家自主创新示范区,这是国务院批复的第10 个国家自主创新示范区。2018 年 2 月,宁波、温州两个高新技术产业开发区建设国家自主创新示范区正式获批,自此,浙江省成为拥有两个国家自主创新示范区的省份。

（一）杭州国家自主创新示范区发展

根据国务院批复文件,杭州高新区和萧山临江 2 个国家高新区可享有国家自主创新示范区相关政策,并允许结合自身特点,积极在跨境电子商务、科技金融结合、知识产权运用和保护、人才集聚、信息化与工业化 融合、互联网创新创

业等方面先行先试。因此，自杭州国家自主创新示范区获批以来，杭州以实现创新驱动发展转型为目标，瞄准打造具有全球影响力的"互联网＋"创新创业中心，全面创新改革试验区，持续加大攻坚力度，大胆先行先试，打通"堵点"，突破"难点"，推动全面创新改革试验取得突破。

（二）甬温国家自主创新示范区发展

宁波国家自创区自创建以来，高素质高质量人才不断聚集，科教资源逐步丰富，新兴企业迅速成长，体制机制日益完善。以甬江实验室为龙头、产业技术研究院和企业技术创新中心为支撑的高能级创新平台体系加快形成。宁波国家自创区成立了科技成果转化基金，总规模 50 亿元，将重点支持新材料、工业互联网等领域科技企业孵化与发展。2020 年，宁波智能生产制造类经济优势突出，数字经济产业的经济效益约 2 512.8 亿元，创新创业氛围十分浓厚。

温州国家自创区以温州国家高新区为核心，联合浙南产业集聚区、瓯江口产业集聚区、瑞安智能装备高新区、乐清智能电气高新技术产业区和温州高教园区，构建"一区五园"发展格局。以环大罗山科创走廊为龙头，扎实推进"八大专项"攻坚行动，加速集聚高能效创新资源要素，着力培育新动力，形成新动能，打造高质量发展的强大引擎。

宁波温州两地深度合作、协同推进，围绕打造民营经济创新创业新高地的总目标积极落实各项举措。2018 年 12 月，省委、省政府印发《关于推进宁波温州国家自主创新示范区建设的若干意见》，支持宁波温州搭建开放创新平台，推动创新要素跨区域流动，为全国科技创新区域协同发展和开放合作做出示范。2019 年 12 月，两地政府签订《关于加快宁波温州国家自主创新示范区高质量发展战略合作框架协议》，积极主动携手共建自创区，服务全省"一盘棋"的战略布局。而且，宁波新材料产业与温州生命健康，及宁波智能制造与温州智能装备均具有很强的产业关联性。在生命健康领域，温州的眼视光医学在检验、治疗技术上已走在全国前列，随着产业链的延伸和发展，会加大对眼用装备和材料上投入和研究，宁波的生物材料就能与温州实现产业链联动、互相补强。为此，两地将在共同产业领域或产业链上下游领域之间，结合各自优势，通过积极开展"双创"平台交流、资本项目对接、企业院所科技成果对接等活动，并定期召开两地联席会议，探索建立两地科创平台的信息交流机制，共享科技成果。两地还将在科创走廊的招商上进行产业联动,最终实现强链、补链、优链,实现产业优势互补,共谋发展,合力打造国家自创区创新发展共同体。

二、杭甬温国家自主创新示范区一体化发展条件

(一)创新投入高于全省全国平均水平

2021 年,浙江省研究与试验发展(R&D)支出首次突破 2 000 亿元,人员数量年均增长 10.8%;发明专利授权量 59 796 件,是 2016 年的 2.3 倍,年均增长 17.6%。其中杭甬温三个地区研究与实验发展经费支出占浙江省全社会 R&D 经费支出的 59.6%,分别为杭州市 667.0 亿元、宁波市 402.7 亿元、温州市 182.7 亿元。杭州、宁波、温州三个城市的研究与实验发展经费支出占 GDP 比重逐年增长,由 2019 年的 2.93% 提高至 2021 年的 2.95%,高于全省、全国平均水平。

(二)科研实体呈加速发展态势

2021 年度省级重点实验室认定名单共 30 家,其中杭州 24 家,温州和宁波各 1 家,且 5 家省级重点实验室全部位于杭州。截至 2020 年 6 月浙江省共 109 所普通高等学校,其中杭州 47 所、宁波 14 所、温州 11 所,占全省 66.06%。2020 年浙江省高新技术企业创新能力百强中,上榜的杭甬温企业数量有 69 家,宁波地区新材料技术行业呈加速发展态势。

(三)政策环境支持创新发展与融合

杭州市发布的《杭州市促进特色小镇高质量发展实施方案(2021—2023 年)》、宁波的"246"万千亿级产业集群培育工程、温州市的聚焦科技创新"4321"工作目标等一系列政策,促进杭州的软件信息和电子商务产业、宁波的生物材料产业、温州的眼视光医学产业特色产业的创新发展与融合。

(四)高级人才资源逐年递增集聚

《2020 中国互联网行业中高端人才报告》显示杭州的互联网行业中高端人才净流入率位居全国第一,阿里巴巴成为互联网人的首选地。宁波也显示出强劲的人才吸引集聚能力,常住人口净迁入规模 32.2 万人,是我国城际科研人员流动的主要流入地。温州实施全球精英引进计划、高层次人才特殊支持计划、高水平创新团队、新动能工程师引进计划等重大人才工程,博士硕士在温州就业数创下新高(见图 4-1)。

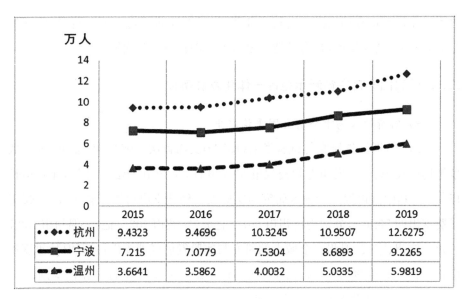

图 4‑1　杭甬温三市 2015—2019 年 R&D 人员数量

（五）创新绩效占全省 GDP 比重逐年提高

近些年，杭甬温三地以新产业、新业态、新商业这三种模式为代表的"三新"经济俨然崛起。浙江省近年来"三新"经济占 GDP 的比重总体呈上升趋势，且逐年提高。2019 年"三新"经济增加值为 16 018.49 亿元，占 GDP 的比重为25.7%，相比前一年提高了 0.5%。同时 2019 年发明专利授权量全省总计33 963 件，其中杭州市 11 748 件、宁波市 5 075 件、温州市 3 876 件。杭甬温三地贡献了全省近 2/3 的专利数量。

从整体上来看杭甬温地区从经济水平到科研创新水平都位居浙江省前列，且三地的产业发展各有特色，具备协同发展，技术交流和多向突破的发展潜力。杭甬温自创区的一体化协作不仅可以加强技术交流与沟通，带动三地的科学技术水平发展，也可以发挥集聚效应，共用基础设施，降低成本推动国家自创区更好发展。

三、杭甬温国家自主创新示范区一体化高质量发展策略

（一）统筹规划，发挥特色产业的带头引领作用

杭甬温国家自创区可以带动其他各地区因地制宜地发展，打造形式多样、

特色鲜明的经济产业。"十三五"期间,我国数字经济持续高速稳定增长,成为推动经济发展的重要动力。"十四五"时期,我国数字经济要紧跟科技革命的潮流,并抓住产业变革深入推进带来的发展机遇,加快向全球价值链高端攀升。因此,要统筹杭甬温规划(见图4-2),发挥数字经济特色产业的带头引领作用,用数字经济驱动浙江省国家自创区实现一体化高质量的发展。

图4-2　杭州、宁波、温州发展规划

(二)协同联动,积极提高区域自主创新能力

国家自创区和自贸区在空间范围重叠,在功能定位上互补互促,因此要支持国家自创区与自贸区政策共享,实现"双自"联动协同发展,并围绕其重点任务和关键环节加强机制创新,不断优化协同联动提高区域自主创新能力。一是完善配套政策,吸引各类高端要素向"双自"联动的相关领域集聚。二是充分发挥自贸区的开放优势和自创区的创新优势,着力构建重大开放型创新平台的共建共享机制。三是在杭州和宁波、温州分别划定一个区域作为"双自"联动示范区,探索适合浙江省国家自创区一体化高质量发展的路径,为其他地区提供先行先试的经验,并引领全省"双自"联动发展。

(三)数字驱动,大力推进科研建设与创新发展

浙江省目前已累计建设省级重点实验室370家,国家重点实验室28家,初步形成国家和省级重点实验室建设体系,并以现代化的数字化手段建立科研交流、共享的数字化科研平台和网络,更好地支持科研建设与发展。

1. 共建重大科学研究设施

全省各地共同推进建设跨界科技基础设施,面向国际科技前沿,满足全省

重大创新需求。深化与国家各部门的战略合作,致力于解决制约经济发展的关键性技术问题,加强对基础研究、关键技术攻关、产业化融合地投入,推动在经济创新领域取得更大的成果。

2. 共建产业技术创新平台

借浙江省数字经济改革的东风,依托各类技术研究院,联合各个领域的创新力量,积极推进综合技术创新中心的建设,提升区域整体创新水平。大力支持杭州、宁波、温州地区创新龙头企业、中小型创新企业、省内各高校和各级科研机构,围绕信息软件、新材料、智能制造、生物医疗产业等重点领域,通过数字化加强跨区域合作和联动,加快培育和共建优质的产业创新和共享平台。

3. 共建创新投资基金平台

依托省市各级政府扶持,对关键领域和产业大力开展投资建设。加大对创业初期的技术创新企业和中小规模企业科技高新技术企业的支持,发布优惠政策,鼓励金融机构的帮扶新模式,解决中小微高新技术个体融资难的问题。吸引国内外资本在浙江省国家自创区的聚集和发展,扩大示范带动效应,打造国际科技创新策源地。

杭甬温国家自创区一体化高质量发展能够让相关企业集中力量进行改革创新,避免资源的浪费,并为政府机构制定国家自创区的发展规划提供新思路和新方案,立足杭甬温国家自创区的发展实际,加快培育创新型产业集群。如以杭州为核心打造国际性的软件信息和电子商务中心,协同宁波的新材料和智能创造产业、温州的生命健康领域和智能装备创造产业,发挥三地的不同特色,在发展特色产业的同时,重点做好规划政策服务、引进人才资源服务、推进创新平台建设服务等,进一步推进杭甬温自创区一体化服务平台互联互通,使得国家自创区一体化高质量发展形成可复制可推广的经验。

第四节　宁波自贸区的发展现状

自贸试验区是中国推进改革和提高开放型经济水平的"试验田",建设自贸试验区是党中央、国务院做出的重大决策,是新时代推进改革开放的重要战略举措。世界最早的自由贸易区起源于 13 世纪的汉萨同盟,1973 年全球海关组织(WCO)在《京都公约》又重新定义了自由贸易园区：自贸区是一国的部分领土，运入自贸区的任何货物，在税收方面上，被认为属于关境之外的，免于实行惯常的海关监管体系，这就是所谓的"境内关外"。

一、国际自由贸易区的起源和现状

自由贸易区作为促进本国(地区)国际贸易发展的特殊区域，最早可追溯到古希腊时代。当时的腓尼基人将泰尔和迦太基两个港口划为特区，尽量保证外来商船的安全航行。随着经济全球化和区域经济一体化，自由贸易区逐渐成为国际潮流，其发展历程大致可以分为四个阶段：①19世纪以前，发端于欧洲及地中海沿岸国家；②19世纪到"二战"以前，缓慢发展阶段；③"二战"后到20世纪70年代，出口加工区出现；④20世纪70年代至今，数量迅速增加，且功能趋向综合性。近50年来，作为吸引外国直接投资的有效途径，自由贸易区越来越受到重视。几乎所有WTO成员都有参加一个或多个自由贸易协议，其中经济规模较大的有北美自由贸易区、欧盟自由贸易区、RCEP、和中国—东盟自由贸易区。汇丰银行研究显示，目前世界119个国家和地区已建立了2 300多个自由贸易区，出口总额超过了2 000亿美元，创造了4 000多万个直接就业岗位，间接就业岗位高达6 000多万个。

从2013年9月29日中国(上海)自由贸易试验区正式挂牌成立至今，全国已累计设立21个自贸试验区，形成了东西南北中协调、陆海统筹的开放态势，助力中国更高水平的对外开放，为中国经济高质量发展及世界经济复苏注入正能量。商务部数据显示，2022年上半年，21个自贸试验区实际使用外资1 198.5亿元，同比增长16.8%，以不到中国千分之四的面积吸引了近16.6%的外资。中国自贸试验区已累计在国家层面推出缩减外商投资准入负面清单、推出国际贸易"单一窗口"、创新"海关通关一体化"监管模式等278项制度创新成果，充分发挥了对外开放"试验田"的作用。

二、宁波自贸区的发展历程

2020年3月，中国(浙江)自由贸易试验区宁波联动创新区总体方案正式公布，实施范围119.87平方公里，涵盖4个片区：临港片区70.56平方公里，包

括大榭区块、梅山区块、保税区区块、北仑区块和镇海区块;临空片区 8.71 平方
公里;甬江片区 15 平方公里;前湾片区 25.6 平方公里。

2020 年 9 月 21 日,国务院批复同意扩展中国(浙江)自由贸易试验区(见
图 4-3)。自贸试验区扩展区域实施范围 119.5 平方公里,涵盖三个片区:宁波
片区范围最大为 46 平方公里(含宁波梅山综合保税区 5.69 平方公里、宁波北
仑港综合保税区 2.99 平方公里、宁波保税区 2.3 平方公里),杭州片区 37.51 平
方公里(含杭州综合保税区 2.01 平方公里),金义片区 35.99 平方公里(含义乌
综合保税区 1.34 平方公里、金义综合保税区 1.26 平方公里)。

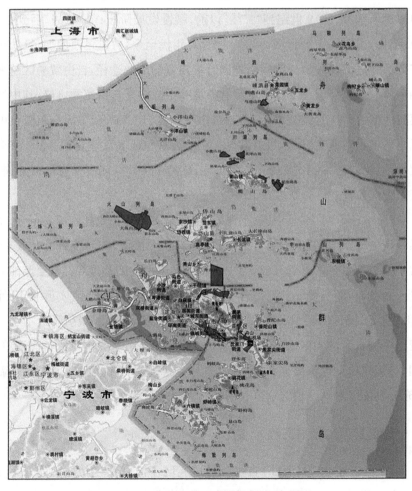

图 4-3　中国(浙江)自由贸易试验区示意图

中国(浙江)自由贸易试验区宁波片区 46 平方公里的核心区,包括大榭片区 20.4 平方公里、梅山片区 7.8 平方公里、综保片区 17.8 平方公里。大榭片区为油气全产业链、新材料创新和国际航运枢纽功能区;梅山片区为国际供应链创新功能区,打造具有全球影响力的国际供应链创新中心;综保片区为新型国际贸易和智能制造产业高质量发展示范区。

(一)宁波保税区

1992 年 11 月经国务院批准设立宁波保税区,分东区、西区、南区,总面积 2.3 平方公里,是浙江省最早设立的保税区。宁波保税区是按照《国际京都公约》关于自由贸易区的运作规范设立的,由海关实行特殊监管,区内享有"免证、免税、保税"政策,是我国对外开放程度最高、政策最优惠的经济区域之一。保税区具有进出口加工、国际贸易、保税仓储物流三大主体功能。实行"境外关外"方式运作的特殊经济区,其性质相当于自由贸易区。

2013 年 12 月,按照宁波市委市政府部署要求,宁波保税区与宁波象山县合作共建象保合作区,规划面积 28 平方公里,保税区主要承担开发建设、招商引资和经济管理,象山县主要承担社会事务管理职责;2016 年 3 月省政府与中国航天科工集团签订战略合作协议,在象保合作区建设宁波航天智慧科技城。

2018 年 9 月经省编办批复同意,宁波保税区管委会增挂宁波航天智慧科技城管委会牌子。2019 年 10 月中共宁波市委机构编制委员会办公室下发《关于同意调整宁波保税区管委会相关内设机构及职责的函》(甬编办函〔2019〕100 号),管委会下设九个内设机构:管委会办公室(党工办)、人力资源和社会保障局(组织部、两新工委)、经济发展局(统计局)、财政局(审计局、国资办、金融办)、建设管理局(生态环境局)、社会事务管理局(应急管理局、退役军人事务局)、工业科技合作局、航天智慧科技发展促进局、航天智慧科技综合开发局。管委会下设 14 个事业单位:贸易投资合作中心、市场物流合作中心、行政服务中心、区域合作中心、综合行政执法大队、发展研究中心、机关事务服务中心、人力资源和社会保障服务中心、国有资产管理服务中心、执法保障中心、不动产登记和资源开发中心、普查中心、会计核算中心、建设工程安全质量管理服务站。

2020 年 9 月,宁波保税区全域列入浙江自贸区宁波片区范围。根据 2020 年宁波保税区、宁波出口加工区及其配套区控制性详细规划(修编)文件,全区规划面积包括宁波保税区东区、西区、南区、北仑港综合保税区及其配套区,总规划面积716.1公顷。其中:保税区东区规划面积为116.2公顷;保税区西区规划面积为120.2公顷;保税区南区、北仑港综合保税区及其配套区范围内面积为479.7公顷。

宁波保税区成立以来,始终走在引领国家、省、市高水平开放型经济发展的前沿。经过20多年的发展,培育形成国际贸易、加工制造、保税物流、数字四大功能产业。目前,全区已集聚各类企业主体近万家,2020年,全区实现生产总值201.8亿元、增长6.6%;财政收入73.3亿元、增长7.5%,其中一般公共预算收入35.6亿元、增长7.2%;外贸进出口首次突破1 000亿元,达1 252.1亿元,增长28.2%,其中出口371.9亿元,进口880.2亿元(全市第一),分别增长19.4%、32.3%;规上工业总产值374.7亿元,增长13.1%;限额以上商品销售额2 297亿元、增长23.5%;跨境电商进口销售额208.2亿元、增长28.6%,规模连续四年居全国单个园区首位,占全市81.7%。

(二)宁波北仑港综合保税区

2002年6月21日,国务院批准增设浙江宁波出口加工区,规划面积2.99平方公里,已于2003年10月正式封关运作,是我国第二批出口加工区。宁波出口加工区是浙江开放时间最早、政策最优惠、通关最快捷、管理最简便的"境内关外"的特殊经济区域。按照国际惯例实行"境内关外"管理模式,享有国家赋予的"免证、免税、保税"及国内料件进区退税等政策,入区企业实行零税采购、零税加工、零税出口,海关对进出区货物实行"一次申报、一次审单、一次查验",提供24小时通关服务,重点发展电子信息、精密机械、轻纺加工等主导产业。

宁波保税区与宁波北仑港综合保税区,两区实行"两块牌子,一套班子"。2002年12月,宁波市政府下发《关于印发宁波保税区管理委员会(浙江宁波出口加工区管理委员会)职能配置、内设机构和人员编制规定的通知》(甬政办发〔2002〕280号),确定宁波保税区(出口加工区)管委会为宁波市人民政府的派出机构,机构规格为宁波正局级,由宁波市人民政府授权,在所辖区域范围内行使相关的政府管理职能。

2020年4月27日,国务院批复同意宁波出口加工区原址原面积转型升级为宁波北仑港综合保税区。获批一年多来,累计进口货物货值 33.3 亿美元,同比增长 6.5%;出口货物货值 30.1 亿美元,同比增长 5.1%。2020 年 9 月,宁波北仑港综合保税区全域列入浙江自贸区宁波片区范围。2020 年 12 月 29 日,宁波北仑港综合保税区通过封关验收。

截至目前,宁波北仑港综合保税区已形成先进制造为主,与跨境电商、国际采购配送、保税物流等产业协同发展的产业格局,累计完成固定资产投资 130 亿元,引进千万美元以上项目 25 个,总投资 24 亿美元;现有在册企业 124 家,其中规上工业企业 24 家。2019 年,全区实现工业总产值 218 亿元,工业增加值 30 亿元;实现营业收入 249 亿元;加工贸易进出口额 132 亿元,进出境货值 163 亿元。在 2019 年海关总署对全国 127 个海关特殊监管区域发展绩效评估中,宁波北仑港综合保税区排名第 20 位,综合发展水平位居前列。在 2021 年全国 127 个海关特殊监管区域发展绩效测评中,宁波保税区、宁波北仑港综保区分别排名第 8、第 20,均为 A 类。根据华经产业研究院数据显示:2022 年 1—7 月宁波北仑港综合保税区进出口总额为 160 144.77 万美元,相比 2021 年同期减少了 19 067.33 万美元,同比下降 10.6%。

宁波北仑港综合保税区将以综保区封关验收为契机,以北仑港综合保税区全域列入浙江自贸试验区宁波片区为新起点,紧紧围绕宁波自贸片区战略功能定位,充分发挥"海关特殊监管区＋自贸区＋国际强港"叠加优势,聚焦跨境投资、新型贸易、港航物流、供应链创新、科创服务等领域开展特色化、差异化探索,全力打造跨境投资贸易自由创新区、新型国际贸易发展示范区、世界一流强港综合服务集聚区和国际科技创新协同中心,加快打造畅通国际国内"双循环"的创新枢纽和重要节点,建设成为高水平开放新高地、高质量发展新样本。

（三）宁波梅山综合保税区

2008 年 2 月 24 日,国务院批准设立宁波梅山保税港区,这是继上海洋山、天津东疆、大连大窑湾、海南洋浦之后的中国第五个保税港区,也是浙江省唯一的保税港区,是梅山岛自由贸易区建设的前期阶段。是未来国家实施自由贸易区战略先行区、浙江省对外开放先行先试、功能创新的重点区域,也是宁波"一带一路"建设综合试验区核心区。

宁波梅山保税港区位于梅山岛,规划面积 7.7 平方公里,被划分为三个保税港区,国务院批准范围包括东到码头岸线(含泊位)、南至南峰路,西北以沿港路、梅山大道、港区路围合为界。宁波梅山保税港区已于 2010 年 6 月 29 日通过国务院联合验收组的正式验收,并于 2010 年 8 月 26 日开港试运行。2020年 5 月,国务院批准宁波梅山保税港区整合优化为宁波梅山综合保税区,规划面积 5.69 平方公里。2020 年 9 月,宁波梅山综合保税区列入浙江自贸区宁波片区范围。2020 年 10 月 23 日,宁波梅山综合保税区通过封关验收。

宁波梅山保港区实行封闭管理,其功能和有关税收、外汇政策执行《国务院关于设立洋山保税港区的批复》的相关规定。以国际中转、国际采购、国际配送、国际转口贸易和保税加工和保税物流等保税港区功能为主导,以商品服务交易、投资融资保险等金融贸易功能为辅助,以法律政务、中介鉴证、休闲文化、进口展示等服务功能为配套,具备生产要素聚散、重要物资中转等现代功能的国家重要区域性配置中心。为宁波外向型经济的发展注入了新的活力,而且它叠加了宁波保税区、保税物流园区等海关特殊监管区域的税收和外汇的多重优惠政策,对宁波市乃至浙江省对外开放具有积极的促进作用。

1. 功能定位

宁波梅山综合保税区坚持以"八八战略"为统领,发挥"一带一路"建设、长江经济带发展、长三角区域一体化发展等国家战略叠加优势,着力打造以油气为核心的大宗商品资源配置基地、新型国际贸易中心、国际航运和物流枢纽、数字经济发展示范区和先进制造业集聚区。

2. 发展目标

赋予自贸试验区更大改革自主权,深入开展差别化探索。对标国际先进规则,加大开放力度,开展规则、规制、管理、标准等制度型开放。到 2025 年,基本建立以投资贸易自由化便利化为核心的制度体系,营商环境便利度位居全国前列,油气资源全球配置能力显著提升,国际航运和物流枢纽地位进一步增强,数字经济全球示范引领作用彰显,先进制造业综合实力全面跃升,成为引领开放型经济高质量发展的先行区和增长极。到 2035 年,实现更高水平的投资贸易自由化,新型国际贸易中心全面建成,成为原始创新高端制造的重要策源地、推动国际经济交往的新高地,成为新时代全面展示中国特色社会主义制度优越性重要窗口的示范区。

2023 年,宁波市象山县共建宁波梅山国际冷链项目,打造国内进境食用水生动物集散地。依托石浦港国际渔业贸易园保税仓库与梅山综保区联动发展,实现两地数据互联、保税互通,做大做强石浦港国际渔业贸易园帝王蟹、红毛蟹、雪蟹、北极贝等水生动物进口贸易,助力宁波片区打造全球跨境贸易枢纽。

三、宁波自贸区空间布局

浙江自贸区宁波片区建设,带给宁波这座开放型经济大市的,不仅仅是发展空间的拓宽,更多的还是城市发展突破的机会,其将助力宁波迈上对外开放新高地。宁波片区最大的特色潜力和功能定位为"打造具有国际影响力的油气资源配置中心",发挥宁波舟山港的"硬核"力量和宁波的开放比较优势,聚焦油气全产业链做文章,同时建设国际供应链创新中心、全球新材料科创中心、智能制造高质量发展示范区,在全球能源市场格局中烙上"宁波印"。2021 年 5 月,由宁波市政府印发的《中国(浙江)自由贸易试验区宁波片区建设方案》(以下简称《方案》)正式发布。根据中国(浙江)自由贸易试验区总体要求和功能定位,强化产业集聚和辐射带动,注重资源共享和统筹布局,形成"核心区+联动区+辐射区"一体化发展格局。

（一）宁波自贸区核心区

核心区为国家批复的浙江自贸试验区宁波片区,面积 46 平方公里,包括大榭片(规划面积 20.4 平方公里,其中大榭本岛 14.2 平方公里、穿山北 3.5 平方公里、协和区块 2.7 平方公里)、梅山片(规划面积 7.8 平方公里)、综保片(规划面积 17.8 平方公里,其中保税区块 7.2 平方公里、邬隘区块 8.8 平方公里、凤凰城区块 1.8 平方公里)。发展目标是力争到 2025 年,形成与功能定位相适应的开放制度体系和国内一流的营商环境。到 2035 年,形成与国际全面接轨、具有中国特色的高度开放的制度体系、监管模式和营商环境,实现更高水平的投资贸易自由化,成为新时代改革开放的新高地。宁波市第十四次党代会指出,未来五年,浙江自贸区宁波片区引领高水平开放的作用进一步凸显,生产端、贸易端、消费端和科技侧大贯通、大循环的格局全面构建,推动创新链、产业链、供应链、要素链、制度链共生耦合。

自 2020 年 8 月 30 日自挂牌以来,中国(浙江)自由贸易试验区宁波片区根据自身定位,积极打造具有国际影响力的油气资源配置中心。依托其良好的港口条件和开放优势,宁波片区再迎国家战略垂青,获批建设国家大宗商品战略储运基地。2022 年以来,宁波片区以更大的干劲和更强的势头,推进"LNG 保税仓库"、燃料油"两仓功能叠加"等自贸试验区改革新业务,各项建设"踩油门"效果显著。2022 年上半年,北仑石油化工业限上销售额达到 2 600 亿元,同比增长 21.9%,预计全年能够突破 5 000 亿元;2022 年 7 月,浙江 LNG 单月气态外输总量达 6.64 亿方,同比增长 37.2%,创下公司投产以来单月外输量历史新高,为经济发展源源不断提供"动力"。

(二)宁波自贸区联动区

联动区为浙江省政府批复的浙江自贸试验区宁波自贸片区的联动创新区,面积 119.87 平方公里,包括临港片区 70.56 平方公里(涵盖镇海、北仑、梅山、大榭和保税区相关区域)、临空片区 8.71 平方公里(涵盖海曙相关区域)、甬江片区 15 平方公里(涵盖镇海、鄞州、高新区相关区域)、前湾片区 25.6 平方公里(涵盖前湾新区相关区域)。通过率先复制推广核心区政策制度,优先布局重大产业项目和公共服务平台,形成与核心区优势互补、资源共享、政策互通、布局统筹的协同格局。《方案》基本明确了宁波片区的空间布局。联动创新区将通过率先复制推广核心区政策制度,优先布局重大产业项目和公共服务平台,形成与核心区优势互补、资源共享、政策互通、布局统筹的协同格局。

(三)宁波自贸区辐射区

辐射区为浙江自贸试验区宁波片区功能拓展、项目落地、产业辐射的区域,包括江北、奉化、余姚、慈溪、宁海、象山等区县(市)全域,以及宁波行政区域内其他核心区和联动区外的相关区域。主要通过构建与核心区、联动区协同发展机制,充分吸纳改革创新与制度开放的溢出效应,加强创新政策和改革成果的复制推广,进一步扩大自贸试验区宁波片区的辐射半径和影响范围,构筑全市一体化开放发展体系。

四、宁波自贸区的功能定位

立足浙江省自贸试验区"一区多片"总体布局,坚持优势互补、错位发展、整体联动,宁波片区承担"一枢纽、三中心、一示范区"的战略功能定位,即国际航运和物流枢纽、国际油气资源配置中心、国际供应链创新中心、全球新材料科创中心、全球智能制造高质量发展示范区。与之相对应，包括 GDP、进出口增速到集装箱吞吐量、油品储备能力等 28 条措施、15 项量化目标逐一"走出"方案。

1. 国际航运和物流枢纽

发挥宁波舟山港"硬核"作用，加强海港、空港、陆港、信息港"四港"联动，提升智慧港口基础设施建设水平，完善高水平一体化运营机制，巩固全球最大港口生产、保障能力的规模优势，大力发展航运高端服务，集聚知名航运企业区域总部，建设具备强大辐射、服务功能的世界一流强港和国家综合运输体系重要枢纽。2023 年 3 月，《宁波市人民政府办公厅关于加快宁波国际航空货运发展的实施意见》正式印发，推动宁波空港建设，促进"四港"联动发展，助推浙江自贸试验宁波片区打造"枢纽自贸区"。意见提出，3 年内，宁波力争引进注册 1 家本土航空公司，到 2050 年，宁波全市航空货邮吞吐量将达 300 万吨，通达世界、服务全国的国际航空货运枢纽全面建成。宁波海曙（临空示范区）加强航空运输系统集成创新，建设区域性国际航空货运枢纽。发挥国家级临空经济示范区和宁波国际邮件互换局优势，推动与自贸试验区协同联动发展，全面探索空港、海港、陆港、信息港"四港联动"业务模式。以完善优化宁波空港国际货运航线网络为基础，发挥"空＋N"运输新业态优势，大力发展高端消费品跨境电商进出口、国际邮包、生鲜冷链等高附加值航空物流业态，吸引产业链上下游企业落户，实现临空产业在区域内集聚发展，助力宁波片区打造全球跨境贸易枢纽。

2. 国际油气资源配置中心

发挥区位优越、设施完善、产业集聚、市场活跃等优势，积极推进以生产、储运、贸易、服务为一体的油气全产业链发展，对标世界最高标准，建设新型国际能源贸易中心，进一步做大做强绿色石化产业，扩大油气储运规模，增强油气战略资源的话语权和定价权，打造以满足国内需求、保障国家能源安全为目标，与舟山错位协同发展的具有国际影响力的油气资源配置中心。2023 年，宁波市奉化区联动开展渔船用燃料油加注业务，扩大燃料油贸易规模。依托宁波片区码头油品接卸、保税储罐仓储优势，推动实现渔船用燃料油进、出、转、存及加注业务常态化开展，扩大油品贸易规模。同时，宁波市镇海区协同自贸试验区探索液体化工品监管模式创新，做大做强大宗商品保税贸易。依托镇海保税物流中心(B型)、保税仓库等政策功能优势,争取保税仓库"同罐共储"等海关监管模式创新试点,以数字化赋能液体化工品贸易、结算、仓储、装卸、运输等供应链全流程,进一步提升储罐利用率、扩大液体化工品进出口贸易规模、集聚各类贸易平台主体、推动贸易数据回流,做大做强液体化工品保税贸易,打造国际国内液体化工品贸易综合服务平台,共同助力宁波片区打造油气资源配置中心。

3. 国际供应链创新中心

推进供应链创新与应用试点,强化业务协同和数据共享,重点发展进口贸易、服务贸易、数字贸易、跨境电商、转口贸易,推动以优进优出为核心的贸易转型升级,探索地方参与"一带一路"建设的新模式,形成立足长三角、服务全国、面向全球的国际贸易战略枢纽,打造创新引领、智能高效、辐射力强的国际供应链创新中心。2023年,宁波市宁海县共建数字化供应链交付平台项目,提升产业供应链自主可控能力。依托国际贸易服务数字化平台,协同建立一套可实现链条循环的数字化供应链交付平台,以数据安全管理为指引,构建安全便利的国际互联网数据专用通道,实现推动贸易、物流、通关、仓储、金融、监管等数据集聚,实现供应链渠道内循环流通,打造数字服务贸易新产业、新业态、新模式。通过"线上+线下"相结合的方式,衔接生产、运输、营销、服务等各个节点的互联互通,让海量的数据资源突破共享壁垒,真正发挥效用,推动供应链各环节数据汇聚互联和共享应用,助力宁波片区打造产业供应链数字化应用示范高地。

4. 全球新材料科创中心

坚持数字化、网络化和智能化方向,依托高能级平台载体,推进化工新材料、电子信息材料、磁性材料等全球协同研发和开放创新,加大创新资源集聚、科技成果转化、金融保险创新、知识产权保护等改革力度,建成全球新材料科创中心,推动腹地产业发展迈向全球价值链高端。2023年,宁波市前湾新区联动中科院宁波材料所,高水平建设杭州湾新材料研究院。依托"长三角一体化科技创新战略联盟",积极联动中国科学院研究所宁波材料所,突破关键技术,形成工程化研发能力,引领相关产业发展,打造国内特色鲜明的工程化与产业化融合发展的国家"双创"基地和高端人才集聚地,助力宁波片区打造智能制造创新枢纽。宁波还将依托中东欧(布达佩斯)创新基地、意中米兰创新中心等"飞地",引进先进的技术、资金、管理和人才,共建中东欧国际产业合作园。同时联动中科院宁波材料所,高水平建设杭州湾新材料研究院,打造国家"双创"基地和高端人才聚集地。

5.全球智能制造高质量发展示范区

深入实施制造强国战略和浙江数字经济"一号工程",立足智能制造产业发展基础,加快实施数字化赋能、数字产业化培育工程,重点推动高端装备、电子信息、工业互联网、5G＋等产业集群发展,努力提升智能制造产业链供应链稳定性和竞争力,打造成为先进制造业与数字经济、信息技术深度融合的智能制造产业高质量发展示范区。2023年,宁波市高新区探索企业创新积分制试点,拓宽科创企业融资渠道。依托"高新区企业创新积分系统",建立与完善企业创新积分制模型,以定量评价方式,描绘企业科技创新画像,更早地识别和发现创新能力突出的中小企业和初创企业,并促进银企对接,进一步拓宽科创企业融资渠道,助力宁波片区打造智能制造创新枢纽。

五、宁波自贸区制度创新

中国(浙江)自由贸易试验区宁波片区建设链接内外、多式联运、辐射力强、成链集群的国际航运枢纽,打造具有国际影响力的油气资源配置中心、国际供应链创新中心、全球新材料科创中心、智能制造高质量发展示范区。赋予自贸试验区更大改革自主权,深入开展差别化探索。对标国际先进规则,加大开放力度,开展规则、规制、管理、标准等制度型开放,建立以投资贸易自由化便利化为核心的制度体系。围绕浙江自贸区宁波片区建设,《方案》还提出了建立自由便利的开放制度体系、打造国际航运和物流枢纽、打造国际油气资源配置中心等七大主要任务,以及建立资金收付便利的金融管理制度、推动航运管理制度开放发展等28条措施。

截至2020年12月29日,宁波北仑港和梅山综合保税区全部完成通关验收,将成为目前国内开放层次最高、优惠政策最多、功能最齐全、手续最简化的海关特殊监管区域,国家开放金融、贸易、投资、服务运输等领域的试验区和先行区,享有"免证、免税、保税、退税"政策,可率先复制推广自贸区相关改革试点经验。

六、宁波自贸区改革政策

2022年6月23日,浙江省政府印发《关于赋予中国(浙江)自由贸易试验区一批省级管理事项权限的决定》,依法赋予浙江自贸试验区32项省级管理事项权限,而宁波片区正是赋权区域之一,意味着宁波片区将获得更大的改革自主权。此次下放的32项省级管理权限涵盖贸易、投资、金融、人员流动等多个方面,通过将相关省级管理权限下放至各片区实施,将有效提升片区审批效率,降低企业办事成本。这些权限的下放,将进一步优化浙江自贸区宁波片区的审批服务流程,有力提升贸易投资便利化水平,为宁波打造大宗商品战略中转基地、国际开放枢纽之都及建设现代化滨海大都市提供助力。

为了贯彻落实浙江省委打造三个自贸区(油气自贸区、数字自贸区、枢纽自贸区)的决策部署,2023年2月,宁波市政府印发的《中国(浙江)自由贸易试验区宁波片区建设"枢纽自贸区"行动方案》提出,到2027年,宁波舟山港集装箱吞吐量突破3 800万标准箱,全球航运中心城市排名进入世界前八;初级商品销售额突破5万亿元;全市货物贸易出口、货物贸易进口、数字贸易和服务贸易、工业增加值、跨境人民币5年累计结算5项指标均突破1万亿元,把中国(浙江)自由贸易试验区宁波片区打造成"全球通达性好、内外畅联性优、资源配置力强、融合创新度高"的枢纽自贸区,成为全国"枢纽自贸区"标杆。

2023年3月,宁波市又印发了《浙江自贸试验区宁波片区"一区一件事"改革联动发展2023年行动方案》,围绕"枢纽自贸区"功能定位,主要完成11项任务,助力宁波片区打造全球跨境贸易枢纽、智能制造创新服务枢纽、金融开放服务枢纽,以及产业链供应链数字化应用示范高地。

1. 进一步提升贸易便利化水平

进一步丰富国际贸易"单一窗口"功能,将服务贸易出口退(免)税申报纳入"单一窗口"管理。深化服务贸易创新试点,推动服务外包向高技术、高品质、高效益、高附加值转型升级,加快信息服务、文化贸易、技术贸易等新兴服务贸易发展,探索以高端服务为先导的"数字+服务"新业态新模式。推进进出口产品质量溯源体系建设,拓展可追溯商品种类。扩大第三方检验结果采信商品和机构范围。

　　宁波自贸区的跨境贸易便利化制度集成创新案例以全国首批跨境贸易投资高水平开放试点为依托，综合集成式推出涵盖跨境结算便利、银行服务升级和外汇行政许可"放管服"改革等4项举措，实现跨境结算"分钟办"，有效降低企业成本，促使部分新型国际贸易企业境外业务持续回流。

　　2022年1月，宁波片区的66云链区块链数字仓单平台上，诞生国内首张数字仓单跟单险保单。这一在能源化工行业创立的基于区块链数字仓单的大宗商品交易及融资新机制，成功解决大宗商品作为动产的产权确认这一全球性难题，获得国家部委、浙江省政府的广泛认可。

　　2. 推进投资自由化便利化

　　探索建立大数据信息监管系统，部分领域在风险可控的前提下，市场主体在领取营业执照的同时，承诺并提交有关材料后，即可依法开展投资经营活动。对外商投资实行准入前国民待遇加负面清单管理制度，支持建立国际投资"单一窗口"，在区内研究放宽油气产业、数字经济、生命健康和新材料等战略性新兴产业集群市场准入。将国际快递业务经营许可审批权下放至浙江省邮政管理局。

　　2022年，全国首批跨境贸易投资高水平开放试点在北仑落地，这既是金融领域开放创新的重大突破，也体现其助力自由贸易先行区建设的担当作为。高层级、高集成的试点政策组合，带来跨境资金使用和汇兑最大程度的便利，让更多企业"少跑腿""多省钱"。目前试点中的13项政策措施已全部落地，惠及宁波市224家企业，试点业务2.7万笔、金额92.73亿美元，成效领跑全国4个试点地区。

　　跨境投资"双向通道"更加畅通便捷。以此次获批试点的余额管理制QFLP和QDLP政策为例，为区域引进外资和对外投资提供了新方式，推动了境内外私募股权基金资本与区域产业深度融合。宁波自贸区推行余额管理制QFLP试点在QFLP试点基础上推出，基金运作效率更高，境外投资者资金调配更灵活。基金管理企业发起成立的所有试点基金境外合伙人资金净汇入之和只要不超过该企业获得的QFLP规模，增减资均可直接办理跨境资金收支，无须逐笔进行登记，企业还可以在各试点基金之间灵活调剂单只基金QFLP规模，极大地方便了境外投资者灵活调仓。该试点的实施将给宁波片区吸引

QFLP 投资、提升外资利用水平带来新动能,成为制度型开放的最新实践。试点政策优势催生的"虹吸效应"持续显现,不仅有效吸引境外业务回流,还促使企业主动培育区域技术研发、资金管理等总部经济,实现产业链价值链转型升级,推动宁波片区加速形成政策高地。

3. 推动金融创新服务实体经济

开展本外币合一银行账户体系试点,提升本外币银行账户业务便利性。开展包括油品等大宗商品在内的更高水平贸易投资便利化试点,支持企业按规定开展具有真实贸易背景的新型国际贸易,支持银行按照"展业三原则",依法为企业提供优质的金融服务。探索开展境内贸易融资资产转让业务和不良资产对外转让业务。探索符合贸易新业态新模式特点的跨境外汇结算模式,支持外贸健康发展。吸引跨国公司地区总部、结算中心、贸易中心和订单中心在自贸试验区落户。支持设立民营银行,探索股债联动,支持科技型企业发展。

4. 进一步转变政府职能

深化"最多跑一次"改革,依法经批准将下放至地级及以上城市的省级管理权限下放至自贸试验区。按照"整体智治"现代政府理念,建设数字政府,完善"互联网＋政务服务""互联网＋监管"体系,加快政府数字化转型,健全事中事后监管服务,完善中央与地方信息共享机制,促进市场主体管理信息共享。深化资源要素市场化改革,开展国家级改革试点,推动土地、能源、金融、数据等资源要素向自贸试验区倾斜。完善外国人来华工作许可制度和人才签证制度区内配套措施。探索取消施工图审查(或缩小审查范围)、实施告知承诺制和设计人员终身负责制等工程建设领域审批制度改革。

宁波自贸区构建的"进口食品标签一件事"智慧化平台是全国首创进口食品标签智慧化平台,全面提升行业标签标识统一性和监管精准性,消费者通过扫描进口食品标签二维码信息,可以准确获取商品的基本信息、物流信息和报关申报信息。截至 2022 年 5 月底,这一平台已注册账号 318 个,进口企业 192 家,受理进口食品标签审核业务 1 785 条。

大宗商品"两步申报＋区块链"报关模式试单则是宁波片区针对通关效率给出的数字化提升方案。2022 年 8 月,宁波钢铁有限公司向宁波海关申报进口的一批粉铁矿,顺利完成申报并通关放行。目前,"两步申报＋区块链"试点一期系统,将货物拟靠单位、集港方式、货量、货种等 15 项区块链数据与海关报关单进行逻辑校验比对,经初步测算可有效提升通关效率 50%。

七、宁波自贸区的创新机制

随着改革创新日益步入"深水区",浙江自贸试验区制度创新工作将进一步突出"三个注重":注重发挥政策牵引作用、注重对标高标准经贸规则、注重市场主体评价,更好打造改革开放新高地。宁波片区的制度创新涵盖跨境贸易便利化制度集成创新、余额管理制 QFLP 试点、集卡人车数智赋码创新、数字化航运服务平台和环保健康码赋能绿色制造系等 9 项。

2021 年,宁波共有 62 家企业在全球 23 个国家和地区建设 217 个海外仓,总面积达 283 万平方米。它们通过海外仓布局全球运输销售网络,为浙江自贸区贡献"宁波经验"。2022 年 3 月 18 日,浙江省十三届人大常委会第三十五次会议审议通过新修订的《中国(浙江)自由贸易试验区条例》(以下简称《条例》),为浙江自贸区提供强有力的法治保障,助力高质量发展,于 2022 年 5 月 1 日起施行。修订后的《条例》对浙江自贸区的自然资源和规划管理放权赋能,明确指出省、片区所在地设区的市人民政府及有关部门在制定土地利用计划时,应当优先保障自贸试验区建设合理用地需求,并支持自贸试验区制定差别化供地政策,可以实行产业链供地,为经济发展提供"基础设施"。根据《条例》,宁波片区"一枢纽、三中心、一示范区"的五大功能定位,被再次明确并列入总则,即——打造具有国际影响力的油气资源配置中心、国际供应链创新中心、全球新材料科创中心、智能制造高质量发展示范区,建设链接内外、多式联运、辐射力强、成链集群的国际航运枢纽。新版条例在新型国际贸易促进方面,明确指出宁波在沿海捎带、启运港退税、多式联运等环节发挥的作用。

在金融方面,《条例》鼓励金融机构根据国家有关规定,在自贸试验区开展金融产品、业务、服务和风险管理等方面创新,支持自贸试验区推进人民币跨境使用、优先开展境外贷款业务、设立战略性新兴产业投资平台等有利于加强资本与项目对接,提升宁波片区在全球范围汇聚创新资源的能力。

2022 年 7 月 12 日,中国(浙江)宁波市自贸办与地方高校合作共建实践基地平台——自由贸易试验区宁波片区制度创新实践基地。该基地将助力宁波片区深入推进制度创新研究工作,对加强改革创新系统集成、统筹开放和安全、及时总结经验并复制推广、提升宁波片区国际影响力和竞争力等方面具有深远的意义。

为打造全球跨境贸易枢纽,宁波片区的出口业务也将不断创新。2023 年开始,依托宁波舟山港、宁波至俄罗斯的海铁联运、海关特殊监管区等平台功能优势,宁波将在慈溪设立"一带一路"国家出口商品集采中心,面向全国采购日用品出口至俄罗斯,并在俄罗斯设立宁波商品展示中心,实现对俄出口商品前置监管服务创新,进一步提高输俄商品配送服务效率,同时利用平台综合便利条件进口俄罗斯原材料、粮食、食品等,力争对俄年出口贸易额达到 50 亿美元,打造对俄贸易"桥头堡"。

第五章

宁波国家自主创新示范区与自贸区
联动发展现状

国家自主创新示范区是指经国务院批准,在推进自主创新和高新技术产业发展方面先行先试、探索经验、做出示范的区域。国家自由贸易试验区是一个国家对外开放的一种特殊的功能区域,区内允许外国船舶自由进出,外国货物免税进口,取消对进口货物的配额管制,也是自由港的进一步延伸。自创示范区和自贸试验区是我国改革开放和创新发展的核心载体与两大高地,也是推进我国经济高质量发展的重要引擎与抓手。宁波自创示范区是我国设立的第18个自创示范区,于2018年获批建设。2020年8月,国家批复成立中国(浙江)自由贸易试验区宁波片区,使得宁波承担的国家战略使命更加凸显。在全球化背景下,加强中国(浙江)自由贸易试验区宁波片区和宁波国家自主创新示范区联动发展(以下称"双自"联动),发挥宁波自创示范区的创新基因和宁波自贸试验区制度优势,是宁波实现高质量发展和区域协调发展的重要路径。

第一节 宁波发展"双自"联动的意义

一、"双自"联动发展有助于扩大宁波对外开放程度

习近平总书记强调:"如果核心元器件严重依赖外国,供应链的'命门'掌握在别人手里,那就好比在别人的墙基上砌房子,再大再漂亮也可能经不起风雨,甚至会不堪一击。""关键核心技术是要不来、买不来、讨不来的""创新是引领发展的第一动力"。推动高质量发展,满足人民日益增长的美好生活需要,创新是

动力源。从站起来、富起来到强起来,从跟跑、并跑到领跑,必须依靠创新,尤其是科技创新。只有创新才能把核心技术牢牢掌握在自己手中,解决"卡脖子"的问题。

当前,我国经济发展进入新常态,已由高速增长阶段转向高质量发展阶段。而推进高质量发展,就必须依靠创新驱动实现内涵型增长。宁波面临着非常难得的发展机遇,如何推进宁波国家自主创新示范区和宁波自由贸易试验区优势互补、政策共享,实施"双自"联动,更好地发挥两大国家战略叠加效应,对于全市创新转型高质量发展至关重要。

国家自创区和自贸区在引进国外资金、创新技术、经验以及提高全球贸易地位等方面均发挥着重要的作用。在创新网络不断深化的当今时代,创新要素配置、创新主体布局、创新活动合作等日趋呈现出全球化态势。对于宁波来说,发挥国家自创区和自贸试验区"双自"联动的优势,加速创新要素跨境流动、促进对外开放创新至关重要。

依托自贸区,可以构建与国际接轨的制度环境,进一步扩大服务业对外开放,打破制约开放创新的制度藩篱,破解制约科技创新的堵点、痛点、难点问题,创新要素配置方式,吸引全球研发机构、人才及境外资金支持科技创新,简化监管流程,促进跨境创新要素流动便利化,推动宁波国家自创区更好地融入全球创新链,形成全球创新资源集聚高地。同时,可以发挥宁波国家自创区的创新驱动作用,不断为浙江自贸区宁波片区的制度创新及创新要素的跨境流动提出新需求,倒逼宁波自贸区开展制度创新,进而促使宁波利用好国内国际市场资源。

二、"双自"联动发展有助于发挥示范效应

先行先试并在全国形成示范引领效应,是自贸试验区和自创示范区的共同特征和共同使命。目前,我国已在内地设立了 21 个自贸试验区和 23 个国家自创区,其中有 16 个省(自治区、直辖市)既设有自贸试验区又设有自创示范区,具有开展"双自"联动发展的优势与责任。宁波现在是我国拥有自创区与自贸区的城市之一,需要结合宁波的区域特色,积极探索"双自"联动发展路径。一方面,需要加快落实国家批复的自贸试验区行动方案,将自贸试验区形成的

制度成果率先推广到宁波自创区,进而通过宁波自创区将自贸试验区制度创新成果推向全国各地;另一方面,将宁波自创区探索的创新做法先放在自贸区试行,让自贸区成为宁波自创区服务全国的第一站,然后进行复制和推广,进而发挥"双自"联动发展的示范带动作用,推进宁波经济高质量发展和区域协调发展。

三、"双自"联动发展有助于形成"1+1>2"的叠加效应

国家自创区和自贸区"双自"联动发展的目的是促进自创区和自贸区的联动发展相辅相成、优势互补,最终实现创新驱动发展。自创区是我国科技创新转型的主战场,关键是要以改革促进创新,建立与全球创新价值链相融合的新型产业体系。自贸区是我国实行制度创新的试验田,核心是要以开放促进改革,建立与国际贸易规则接轨的投资贸易体系;推动宁波自创区与自贸区联动发展,促使宁波自贸区的制度创新和开放优势,与宁波自创区的科技创新和产业要素无缝对接、有机结合、功能互补、优势叠加,既能不断提升宁波自创区的开放水平,也能不断提高宁波自贸试验区的创新能级,从而形成"1+1>2"的叠加效应。

我国的国家自创区以体制机制创新为主要任务,通过体制机制创新破解制约科技创新的各种瓶颈,以发挥创新驱动对转型升级的引领作用。自贸区同样以制度创新为核心任务,但更多地趋向于跨境贸易、离岸创新创业基地等,主要面向的都是以创新为核心的新经济。自创区与自贸区密不可分,互相依存,前者主要依赖于科技创新,后者主要依赖于贸易创新。"双自"联动就是把自创区和自贸区对接起来,充分利用国际国内"两个市场、两种资源",促进科技、金融、贸易、产业的多维度融合,推动人才、资本、技术、知识的多要素联动,加强产学研、内外资、政社企的多主体协同。如何推动"双自"联动,促进自创区的科技创新、产业创新和自贸区的制度创新、开放创新的深度叠加,是宁波当前实施创新驱动战略必须深入思考和解决的重要问题。

第二节　基于 SWOT 的宁波"双自"联动发展分析

党的十八大以来,习近平总书记围绕国家科技创新事业提出一系列奠基之

举、长远之策：做出建设科技强国的重大决策，确立到 2035 年跻身创新型国家前列的战略目标，提出坚持创新在我国现代化建设全局中的核心地位，把科技自立自强作为国家发展的战略支撑。十九大报告指出要把加快建设创新型国家作为现代化建设全局的战略举措，坚定实施创新驱动发展战略，强化创新第一动力的地位和作用，突出以科技创新引领全面创新，具有重大而深远的意义。在经济全球化的大背景下，开放创新已经成为新的发展趋势，能够进一步促进国家创新体系的发展。二十大报告提出高举中国特色社会主义伟大旗帜，全面贯彻新时代中国特色社会主义思想，弘扬伟大建党精神，自信自强、守正创新，踔厉奋发、勇毅前行，为全面建设社会主义现代化国家、全面推进中华民族伟大复兴而团结奋斗。

在全社会共同努力下，我国发挥新型举国体制优势，强化国家战略科技力量，针对"卡脖子"问题加大关键核心技术攻关和自主创新力度，全社会研发投入强度从 2012 年的 1.91％增长到 2021 年的 2.44％，在世界知识产权组织发布的全球创新指数排名中从第三十四位上升到第十二位。2017 年，十九大报告指出从 2020 年到 2035 年，我国经济实力、科技实力将大幅跃升，跻身创新型国家前列。2022 年 10 月，二十大报告指出我国经济实力实现历史性跃升，国内生产总值从 54 万亿元增长到 114 万亿元，我国经济总量占世界经济的比重达18.5％，提高 7.2 个百分点，稳居世界第二位；人均国内生产总值从 39 800 元增加到 81 000 元。制造业规模、外汇储备稳居世界第一。一些关键核心技术实现突破，战略性新兴产业发展壮大，载人航天、探月探火、深海深地探测、超级计算机、卫星导航、量子信息、核电技术、大飞机制造、生物医药等取得重大成果，进入创新型国家行列。

当前，我国正推动自创区、自贸区"双自"联动发展。自 2020 年以来，宁波虽然同时拥有两个国家战略平台——国家自主创新示范区和国家自贸试验区宁波片区，但至今未出台任何关于国家自创区和自贸区联动发展的方案或政策。

一、宁波发展"双自"联动的优势（S）

为持续推进宁波高水平创新型城市建设，引导推动各主体加快场景应用，促进重大科技成果落地转化,为经济社会高质量发展提供科技支撑,2022年8月,宁波市推进国家自主创新示范区建设工作领导小组办公室印发《关于加快场景开放推动创新发展的实施意见》。旨在推进技术创新、强化产业带动、服务企业发展和提升城市品质为目的,通过开放交通出行、城市治理、产业升级等试验场景,助推全市企业自主创新产品、"三首"产品(首台套重大技术装备、首批次新材料、首版次软件)等进入重点工程、重大项目首试首用。

(一)明显的区位优势

宁波简称"甬",是浙江省辖地级市、副省级市、计划单列市,国务院批复确定的中国东南沿海重要的港口城市、长江三角洲南翼经济中心,处于长三角的出海口,是长三角地区开展对外贸易的战略要地。宁波地处中国华东地区、大陆海岸线中段、东南沿海杭州湾南岸,西接绍兴市,南邻台州市,属于典型的江南水乡兼海港城市,是中国大运河南端出海口、"海上丝绸之路"东方始发港(见图5-1)。通过宁波港的众多国内航运支线和发达的铁路、高速公路网,货物能够快速直达沿海各港口、长江沿岸城市以及江西、安徽、湖南、湖北等内陆省市的广大区域。宁波位于我国东部沿海黄金海道的中心位置,处在"两带一路"的交汇处,也是亚太经济区、太平洋西岸的中心,拥有极为优越的港口和海上交通条件,与上海同属亚太地区重要门户,水路、陆路、空中航路发达,作为长三角物流枢纽城市的比较优势越来越突出。通过宁波至上海的杭州湾跨海大桥,与上海国际大都市形成2小时交通圈的同城效应。杭州湾跨海大桥重塑了长三角南北两翼交通大平台,上海、南京、杭州、宁波共同构成长三角未来的菱形城市空间格局,尤其是宁波进入上海的2小时圈形成了显著的"同城效应"。

宁波具备建设天然良港、发展海洋经济得天独厚的禀赋条件。宁波港口实行通关运行整合,产品流转十分便利,海关特别监督区与港口相连。港口区位优势十分明显,地处中国大陆海岸线中部、"丝绸之路经济带"和"21世纪海上丝绸之路"两翼交汇的枢纽位置(见图5-2)、"长江经济带"的南翼"龙眼",面朝太平洋海域全球最繁忙的国际主航道,背靠中国大陆最具活力的长三角经济圈,是全球最主要的航运港口之一。对内依托穿山疏港高速、大碶疏港公路、沿海中线、梅山大桥可与宁波绕城高速、甬台温高速、杭甬高速等主干道快速连接,直达长三角及华东地区主要城市;对外通过宁波舟山港接轨亚太国际主航

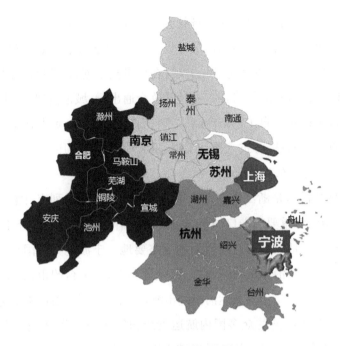

图 5 - 1 宁波地理位置

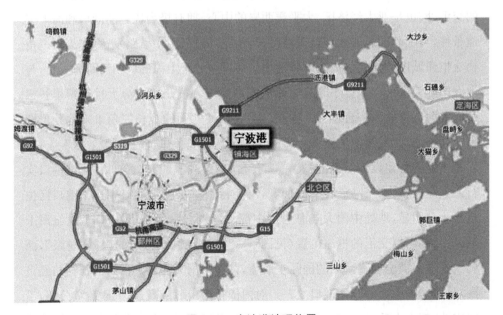

图 5 - 2 宁波港地理位置

道,可到达港澳台、东南亚以及整个太平洋地区,交通区位便捷。宁波舟山港经历一体化整合,跃升为世界第一大港,货物吞吐量连续 13 年位居世界第一,集装箱吞吐量连续 4 年位居世界第三,宁波港域已拥有港口泊位 353 个。宁波舟山港目前已开辟集装箱航线 260 条,其中远洋干线 115 条,近洋支线 93 条,内支线 20 条,内贸线 32 条,连接 190 多个国家和地区的 600 多个港口。有望借着“一带一路”有利契机,实现宁波新一轮的发展,形成强大力量共同促进经济的发展。

宁波港拥有 8 356 平方公里海域面积、1 678 公里海岸线、600 余个海岛。2011 年,国务院正式确定以宁波—舟山港海域、海岛及其依托城市为核心区,建设浙江海洋经济发展示范区。2015 年 9 月,宁波港合并舟山港完成,宁波港集团名称变更为宁波舟山港集团,实现包括港口综合规划、基础设施建设、重点港区开发、海事航运服务、口岸监管等方面实质性的一体化,成为中国超大型巨轮进出最多的港口。宁波舟山港的合并建设,不但推动了浙江沿海港口体系建设,还促进了宁波舟山两地以及周边城市的联动发展。从 2017 年到 2021 年,合并完成后的宁波舟山港货物吞吐量从 10.1 亿吨增长到 12.2 亿吨,每年集装箱吞吐量从 2 464 万标准箱增加到 3 108 万标准箱。宁波舟山港年货物吞吐量位居全球第一,集装箱量位居世界前三,是一个集内河港、河口港和海港于一体的多功能、综合性的现代化深水大港。2022 年,宁波舟山位列国际航运中心城市综合排名全球第十。

近些年来,宁波港的国际地位不断上升,国际深水枢纽港和国际集装箱远洋干线港的作用日益凸显。上海国际航运研究中心发布的《2022 年全球港口发展报告》显示,2021 年,宁波舟山港以 12.2 亿吨货物吞吐量居全球前 50 大港口之首,连续 13 年居世界第一,完成集装箱吞吐量 3 108 万标准箱,成功跻身全球港口集装箱 3 000 万“梯队”,位居全球第三。同年,宁波海洋经济总产值也达到 6 850 亿元,实现海洋生产总值 2 061.7 亿元,占地区生产总值比重14.1%,占浙江省海洋生产总值比重约达 20.7%。

2022 年上半年,《宁波市加快发展海洋经济建设全球海洋中心城市行动纲要(2021—2025 年)》(以下简称《纲要》)印发,《纲要》提出,到 2025 年要力争实现“五中心一城市”功能定位,包括航运、经济、科创、金融、文化五大中心以及国际化滨海宜居城市。未来的宁波,将在现代化滨海大都市总体框架下,继续发挥滨海优势,构建"一核、三湾、六片"的陆海统筹发展新格局。其中,"一核"为中心城区中的三江片,"三湾"即杭州湾、象山港、三门湾区域,"六片"指前湾、镇海—慈东、北仑—鄞东、象山港、象东、南湾等六大功能片区。其中,宁波国家自创区位于鄞州区东部新城,自贸区主要位于北仑区。《纲要》明确,要推动"六片"各有侧重的功能性开发:前湾片区,打造海洋智造产业集聚高地;镇海—慈东片区,打造临港产业集聚区;北仑—鄞东片区,打造国际港航物流枢纽;象山港片区,打造都市滨海生活区;象东片区,打造国际滨海运动中心;南湾片区,打造海洋新兴产业基地。

(二)迅速发展的产业优势

宁波致力创建国家级制造业高质量发展示范区,将打造世界级产业集群新优势作为全市发展的重中之重,提出了"246"万千亿级产业集群工程,全力打造绿色石化、汽车制造 2 个万亿级,高端装备、新材料、电子信息、软件及新兴服务业等 4 个五千亿级,关键基础件(元器件)、智能家电、时尚纺织服装、生物医药、文体用品、节能环保等 6 个千亿级现代产业集群建设,进一步做好补链、延链、强链,将宁波制造业推向新的高度。宁波是中国制造 2025 首个试点示范城市,工信部公布的制造业单项冠军企业数量居全国首位、专精特新"小巨人"企业数量在所有城市中位居第四。

宁波围绕十大标志性产业链,建立关键核心技术攻关"三色图"模式,在集成电路、工业互联网、先进材料、高端装备、生命健康等领域,部署实施"科技创新 2025"重大专项超过 350 项,成功助力中国空间站天和核心舱、神舟十二号飞船、蛟龙号等国家重大科技工程。2017 年至今,宁波获得国家级科技奖 26 项,人才净流入率居全国城市前列;高新技术产业增加值、高新技术产业投资分别较 2017 年分别增长 113.9% 和 81.4%,领先全省;高新技术企业数量 5 年增长 165%,国家级制造业单项冠军、专精特新"小巨人"企业数量分居全国第一、第三。宁波深耕新兴和高精尖产业,在各个产业区形成各自特色的产业集群,产业聚集效应明显,已形成"246"万千亿级产业集群和新型基础设施建设规划。

宁波舟山港的前湾新区,2021 年共引进各类产业项目 653 个,总投资约 5 036.2 亿元,包括 24 家世界 500 强企业项目 48 个,成为长三角经济发展速度最快的区域之一。目前,前湾新区已形成汽车产业链、智能家居、生命医疗、高端装备、新材料新能源、通用航空六大支柱产业。

宁波工业互联网研究院孵化企业蓝卓工业互联网打造的全国首个拥有自主知识产权的工业操作系统 supOS,已拥有生态伙伴超过 510 家,成功跻身"2021 年度中国十大工业互联网企业",位列行业第二。

宁波拥有汽车制造、绿色石化、新材料等 8 个千亿级产业集群,180 多个产品市场占有率居全国第一,拥有高新技术企业 1975 家、境内外上市企业 90 家。宁波智能经济优势突出,两化融合指数达 87.25%,数字经济核心产业产值达 2 512.8 亿元。

(三)自主创新基础扎实

当今世界正经历百年未有之大变局,科技创新是其中一个关键变量。新一轮科技革命与产业变革加速融合,科技创新能力已成为综合国力竞争的决定性因素。自 2017 年以来,宁波不断引导企业投入研发创新,一批批高新技术企业、一个个高精尖产品为全市高质量发展提供了坚强有力的支撑。

在危机中育先机、于变局中开新局,需要科技创新。宁波通过聚焦国家自主创新示范区建设,部署推进新材料、工业互联网、关键核心基础件三大科创高地建设,高端创新资源加速集聚、重点技术领域加快突破、科技支撑引领能力持续跃升,创业创新氛围浓厚,创新驱动实体经济高质量发展。以甬江科创大走廊为战略抓手,布局甬江实验室等一批高能级创新平台,目标直指建成长三角地区具有全球影响力的引领性科创策源地。目前,三大科创高地已集聚全市70% 以上的高新技术企业、覆盖超过 70% 的市级重大科技项目,开展关键核心技术攻关的平台支撑基本形成。

宁波为了加快高水平创新型城市建设步伐,持续推进人才和创新工程,为全市高质量发展提供坚强有力的科技支撑。科技创新、成果转化同样离不开成熟的公共科技创新服务平台,宁波拥有宁波大学、宁波诺丁汉大学、中科院宁波材料所、宁波新材料科技城等高校院所和创新平台。借助高校院所的研究力量和技术资源解决企业的技术难题,是助推科技创新必不可少的一环。自 2017 年起五年来,宁波大手笔引进建设高能级产业技术研究院 46 家,累计达 71 家,集聚各类研发人员超 3 万名。

2021 年,宁波高新技术产业增加值、高新技术产业投资分别达 2 861.5 亿元和 705 亿元,较 2017 年分别增长 113.9％和 81.4％,居全省首位;高新技术企业数量达 3 919 家,5 年增长 165％;在高新技术企业加速崛起的带动下,宁波 2020 年 R&D 经费投入强度达 2.86％,四年提高 0.4 个百分点。

(四) 多个功能型服务平台

1. 金融服务平台

2019 年 9 月 18 日,宁波市公共资源交易金融服务平台启动试运行。公共资源交易金融服务平台针对公共资源交易典型业务场景,通过互联网手段和大数据技术,实现为公共资源交易平台上的当地中小微企业提供金融服务。通过平台,中小微企业可在线申请办理"投标保函""投标贷""中标贷"等业务,无需抵押担保,最快 5 分钟放款,最高可贷 1 000 万,切实解决企业融资难题。2021 年以来,人民银行宁波市中心支行积极推进宁波市普惠金融信用信息服务平台(以下简称"宁波普惠平台")与长三角征信链平台互联互通。2022 年 4 月 22 日,宁波普惠平台成功接入长三角征信链平台,成为首个以接口方式接入的城市节点,打通了链上信息共享共用的"高速公路"。但是宁波市金融方面管制不够严格,存在非法套利的漏洞。随着对外开放程度的加深,国外资金的流入存在一定的金融风险。

2. 科技成果转化交易平台

2019 年 10 月 24 日,由宁波保税区与中科院合作共建的中国科学院计算机网络信息中心科技成果转化交易基地正式揭牌,这也是中科院计算机网络信息中心在国内设立的首个成果转化交易基地。根据合作计划,双方将联合组建物联网、大数据、人工智能及相关技术创新研发和市场推广团队,旨在有效服务保税区、宁波全市乃至长三角地区的经济转型升级,同时也为中科院中青年技术专家提供创业创新孵化平台。合作双方将在 5 年内将基地建设成为有一定区域影响力的院地合作示范平台,推动保税区数字经济创新示范基地建设。

3. 一体化政务服务平台

2020 年 6 月,宁波市惠企便民数字化政务服务平台"甬易办"正式上线试运行。根据浙江省发布的《省级政府和重点城市一体化政务服务能力(政务服务"好差评")调查评估报告(2021)》,在重点城市总体指数排名前 10 的城市中,宁波以 94.49 的指数分名列榜单第三。此外,宁波在一体化政务服务能力总体指数得分中,被评价为"非常高",网上办、掌上办成为企业群众办事重要渠道。而宁波的"甬易办"助力惠企政策即时兑现,还入围了报告专题目录。

4. 创新示范平台

为响应浙江省海洋强省和中医药强省战略目标,2022 年 2 月,浙江大学宁波科创中心成立宁波特色功能性资源综合开发创新示范平台。该平台依托浙江省及宁波市丰富的海洋、中药资源,开展宁波特色功能性资源(水产品、中药等)开发及产业化废弃物的价值发现及其综合利用,做长做强海洋及中药资源开发全产业链,旨在打造省级创新平台,创建融人才引进集聚、科技成果转化等功能于一体的创新基地。

二、宁波发展"双自"联动的劣势(W)

虽然宁波的港口优势明显,但港口与城市自身产业发展、与城市后方经济腹地并没有很好地联动起来。宁波港口的货物大部分服务于浙江省、长三角乃至更大范围地区,与宁波本地经济发展的紧密度还不够,港口本身产业链拉动效应不够明显,宁波在发展"双自"联动方面还有其他劣势。

(一)总体产业能级偏低,高端产品和服务供给不足

宁波是副省级市、计划单列市,世界第四大港口城市,制订地方性法规权限较大的市,中国大陆综合竞争力前 15 强城市,长三角城市群五大区域中心之一,长三角南翼经济中心,浙江省经济中心,连续四次蝉联全国文明城市,中国著名的院士之乡。2021 年,宁波市全年全市实现地区生产总值 14 594.9 亿元,按可比价格计算,比上年增长 8.2%。分产业看,第一产业实现增加值 356.1 亿元,增长 2.8%;第二产业实现增加值 6 997.2 亿元,增长 9.8%;第三产业实现增加值 7 241.6 亿元,增长 7.1%。三次产业之比为 2.4∶48.0∶49.6(见图 5-3 和图 5-4)。

宁波市共有 30 个产业集群(见表 5-1),其中,重点产业集群为中意生态园产业园、宁波杭州湾新区工业聚集区、慈溪滨海经济开发区、镇海滨海工业聚集区、北仑临港工业聚集区、宁波东部滨海工业聚集区、奉化经济开发区、宁波南部滨海新区工业聚集区。

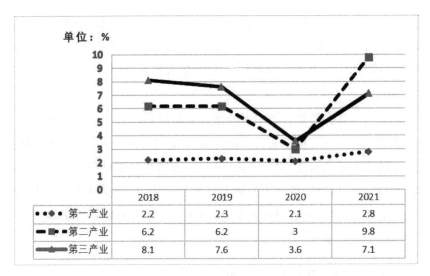

图 5‑3　2018—2021 年宁波市三次产业增加值变化图

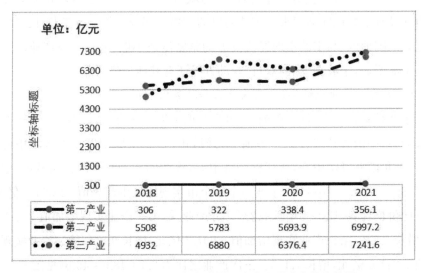

图 5‑4　2018—2021 年宁波市三次产业增速变化趋势图

数据来源:2018—2021 年《宁波统计年鉴》

表 5‑1　宁波市重点产业集群及主导产业

产业集群	主导产业
中意生态园产业园	新材料及新能源汽车,节能环保、生命健康、通用航空

（续表）

产业集群	主导产业
宁波杭州湾新区工业集聚区	汽车、科技领域世界级专业创新产业
慈溪滨海经济开发区	新能源、新材料、海洋装备及智慧产业
镇海滨海工业集聚区	精密机械、高科技电子、精细化工和仓储加工贸易
北仑临港工业集聚区	以重化工为主，以化工、冶金、汽配为特色的区域
宁波东部滨海工业集聚区	海洋经济
奉化经济开发区	电子通信、机械制造、汽车零部件、新型材料和服装服饰
宁波南部滨海新区工业集聚区	能源汽车及零部件、高端模具、通用航空装备、生物医药、光伏太阳能

　　宁波辖海曙、江北、镇海、北仑、鄞州、奉化6个区，宁海、象山2个县，慈溪、余姚2个县级市。宁波的经济主要分布在余姚、象山等县域、乡镇地区，经济分布比较分散，没有形成一个强有力的中心都市区带动（见图5-5）。在产业结构上，尽管宁波的汽车零部件、电子信息等发展不错，但主导产业仍不明显，没有一个比较强势的主导产业带动区域快速发展。

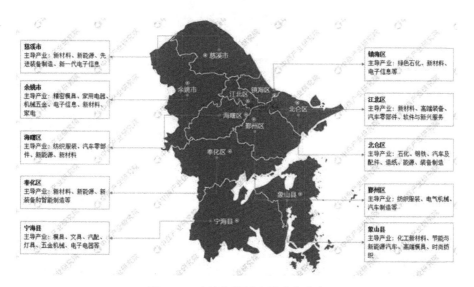

图5-5　宁波各区域主导产业分布

随着人工、环保等成本上升,宁波地区相对偏低附加值、劳动密集型行业,如纺织产业、家具制造产业等,发生部分环节转移到劳动力成本更低的国家和地区情况。而且宁波市总体产业能级偏低,高端材料部件及软件等产业基础支撑能力相对薄弱,对高端产品和服务有效供给不足。

(二)创新资源薄弱,高技能人才储备匮乏

"双自"联动是制度创新的联动,是人才、技术、资本等多要素的联动。宁波共有 15 个国家级及省级开发区(园区),分别为宁波经济技术开发区、宁波石化经济技术开发区、宁波杭州湾经济技术开发区(见图 5-6)、宁波大榭开发区、浙江前洋经济开发区、镇海经济开发区、浙江象山经济开发区、浙江前洋经济开发区、浙江慈溪滨海经济开发区、鄞州经济开发区、浙台(象山石浦)经贸合作区、余姚经济开发区、宁海经济开发区、奉化经济开发区、宁波南部滨海经济开发区。

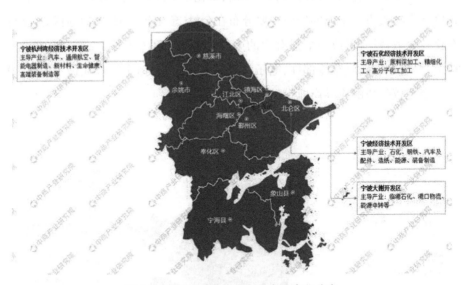

图 5-6 宁波国家级开发区主导产业分布

虽然经过多年深耕,宁波科技创新能力在国家创新型城市中的排名上升到第 15 位,国家高新区全国排名从 2015 年的第 21 位上升到 2020 年的第 15 位,高新技术企业数量、产业技术研究院数量、技术交易额、顶尖人才数等主要创新指标实现倍增,但是宁波的科技创新工作仍面临诸多挑战。当前,颠覆性技术大量涌现,技术创新和科技成果产业化周期极大缩短,一旦错过机遇窗口期,赶超成本巨大且难以实现。而宁波具备把握新技术、新变革的创新主体数量少且能力不强,科技创新源头供给不足,面临错失产业发展机会的风险。而且,宁波科技服务业仍存在规模总体偏小、企业上规率偏低、整体服务能级不高等问题。尽管空间上的集聚效应已经显现,但行业内部以服务链为牵引的协同效应不强,如知识产权、科技咨询等领域,仍存在企业规模小、同质化竞争明显等劣势。

与此同时,开放型经济发展的不确定性,也给宁波科技创新工作带来了挑战。宁波外贸依存度高达 80%,国际市场变化、缺芯、零部件断供等将影响企业生存发展和持续创新,对保障产业链稳定安全提出更高要求。2021 年以来,受全球“缺芯潮”的影响,宁波的许多汽车零部件企业和家电企业就受到了巨大冲击,不少企业的研发、生产都陷入了延缓甚至停滞。

此外,宁波创新资源相对薄弱,高校、国家实验室等高能级创新资源相对缺乏、自主创新能力有待提升。高技能人才储备匮乏,在甬高校及学生数量在全国同类城市中排名靠后。宁波科教资源薄弱,重大创新平台缺乏,集聚高端创新资源的自驱力不足等短板将更加显露,给宁波创新能级的提升形成掣肘。

三、宁波发展“双自”联动的机遇(O)

(一)多重政策利好

宁波拥有“海陆空”海关特殊监管区,保税区、保税港区、出口加工区和保税物流园区共四个特殊地区。自由贸易园区是本国区域内批准从境外入区的货物实行免税或保税的特殊政策及特别贸易监管制度,与出口加工区、保税区、港口物流区同在一体,以海关特殊监管区为核心载体,以建设国际高标准自由贸易区为目标,具有功能齐全,政策优势,定位优势等特点。2020 年 8 月浙江成为全国第一个自贸试验区扩区,包括大榭开发区、梅山保税港区、宁波北仑港综合保税区和宁波保税区四个核心区,承担着建设链接内外、多式联运、辐射力强、成链集群的国际航运枢纽的任务。

1. 批复成立浙江自贸区宁波联动创新区

浙江省政府批复的浙江自由贸易试验区宁波联动创新区,将通过率先复制推广核心区政策制度,优先布局重大产业项目和公共服务平台,形成与核心区优势互补、资源共享、政策互通、布局统筹的协同格局。2020 年 3 月 10 日,中国(浙江)自由贸易试验区宁波联动创新区总体方案正式公布,联动创新区面积 119.87 平方公里,涵盖 4 个片区,包括临港片 70.56 平方公里(涵盖镇海、北仑、梅山、大榭和保税区相关区域)、临空片 8.71 平方公里(涵盖海曙相关区域)、甬江片 15 平方公里(涵盖镇海、鄞州、高新区相关区域)、前湾片 25.6 平方公里(涵盖前湾新区相关区域)。同时,承接宁波片区功能拓展、项目落地、产业辐射的"辐射区",还包括江北、奉化、余姚、慈溪、宁海、象山等区县(市)全域,以及宁波行政区域内其他核心区和联动区外的相关区域,以构筑全市一体化开放发展体系。

结合宁波联动创新区"三中心—示范区"战略定位,梅山将积极复制推广自贸试验区改革经验,开展特色化改革探索,探索形成一批具有代表性、体现梅山特色的改革创新经验,争取承接相关改革领域下放权限,力争未来成为浙江自贸试验区扩区的基础区和先行区。

通过制度联改、产业联动、要素联配、管理联合(即"四联")机制构建,形成自贸试验片区与联动创新区(以下简称"两区")协同改革、协同创新、协同发展,促进产业链、创新链、价值链关键环节打造和循环构建,形成有序高效的产业网络、市场网络、管理网络,以"两区"高水平协同发展带动宁波市域经济高质量发展。

2. 宁波自贸区在 RCEP 中的发展机遇

区域全面经济伙伴关系协定(Regional Comprehensive Economic Partnership, RCEP)是 2012 年由东盟发起,历时八年,于 2020 年 11 月 15 日,由包括东亚地区的中日韩三国、东南亚的东盟十国及大洋洲的澳大利亚与新西兰共 15 个国家制定的协定。2021 年 3 月 22 日,中国已经完成 RCEP 核准,成为率先批准协定的国家。2022 年 1 月 1 日,区域全面经济伙伴关系协定(RCEP)正式生效,首批生效的国家包括文莱、柬埔寨、老挝、新加坡、泰国、越南等东盟 6 国和中国、日本、新西兰、澳大利亚等非东盟 4 国。2022 年 2 月 1 日起 RCEP 对韩国生效。2022 年 3 月 18 日起对马来西亚生效。2022 年 3 月 20 日,日本首相岸田文雄与柬埔寨首相洪森在金边会晤后发表了《联合声明》,一致同意加强合作,确保全面落实 RCEP 协定。

　　《区域全面经济伙伴关系协定》是亚太地区规模最大、最重要的自由贸易协定谈判，RCEP 成员国覆盖世界近一半人口和近三分之一贸易量，是世界上涵盖人口最多、成员构成最多元、发展最具活力的自由贸易区，并跻身全球规模最大的自由贸易协定（FTA）行列，从此世界形成北美经济圈（美加墨自由贸易协定）、欧洲经济圈（欧盟）和东亚经济圈（RCEP）的"三足鼎立"局面。RCEP 的签署，是一个"超强制造实力＋超大消费市场＋超大的产业资本＋超重要的原材料市场＋超优质的人口红利"的地区组合，标志着当前世界上人口最多、经贸规模最大、最具发展潜力的自由贸易区正式启航。RCEP 有利于成员国间增进政治互信、提升经济福利、改善地区治理、提振全球化信心、促进全球经济治理变革。

　　RCEP 的发起者——东盟十国，是宁波仅次于欧美的第三大贸易伙伴。2020 年 1－10 月，宁波市对东盟进出口 878.6 亿元，同比增长 11.2%。再加上进入"朋友圈"的日本、韩国、澳大利亚、新西兰，宁波对 RCEP 成员国的进出口额，约占同期外贸总额的四分之一。RCEP 生效以来，宁波市加快对接 RCEP 经贸新规则，在新挑战中寻找新机遇，巩固和提升参与国际经济合作竞争的新优势，以更高层次的开放推动更高质量的发展。2022 年上半年，宁波对 RCEP 成员国进出口 1 609.8 亿元，同比增长 3.7%，占同期全市进出口总额的 25.5%。

　　宁波市委市政府主要领导对全面落实 RCEP 相关工作高度重视，多次对涉及 RCEP 的文件作出批示指示，要求各有关部门持续关注，督促跟进 RCEP 工作。2022 年 3 月份，宁波召开高质量实施 RCEP 工作推进会，并成立宁波市 RCEP 工作专班，印发《宁波市落实区域全面经济伙伴关系协定（RCEP）三年行动方案（2022－2024）》，细化分解工作任务，分头推进相关工作。目前，浙江自贸试验区宁波片区已完成了包括示范区创建方案、自评材料、评价指标表等材料的起草汇编工作。宁波片区成立了 RCEP 工作专班，制定了《宁波市创建浙江省 RCEP 高水平开放合作示范区工作方案》，以宁波片区为承载主体，围绕十大 RCEP 重点外贸平台、与 RCEP 国家十大双向投资项目等，全力提升与 RCEP 国家经贸合作能级，全面拓展和深化与 RCEP 成员国的合作，积极打造 RCEP 高水平开放合作示范区。2022 年上半年，出口方面，宁波海关和贸促会共签发原产地证书 11713 份，企业自行开具原产地声明 483 份，货值共计 5.53

亿美元,可享受进口方税收优惠约 596 万美元,其中,利用累积规则申领的 RCEP 原产地证书 565 份,货值 7290.31 万美元,居全国前列;进口方面,宁波口岸 RCEP 项下进口货值 9.76 亿元,享受税收优惠 1416 万元。

此外,宁波还拥有中国——中东欧国家经贸合作示范区、中国(浙江)自由贸易试验区宁波片区。近年来,以"两区"为代表的高能级平台建设日益成为引领宁波经济开放发展的强大引擎。2021 年,宁波市对"一带一路"沿线国家进出口 3 304.2 亿元,增长 20.3%,占同期宁波市进出口总值的 27.7%。机电产品为主要出口商品,出口 4 400.1 亿元,增长 24.6%占全市出口总额的 57.7%。出口劳动密集型产品 1 838.1 亿元,增长 4.1%。

(二)自贸试验区快速发展成熟

中国(浙江)自贸试验区宁波片区 46 平方公里的核心区,包括大榭片 20.4 平方公里(其中大榭岛区块 14.2 平方公里、穿山北区块 3.5 平方公里、协和区块 2.7 平方公里)、梅山片 7.8 平方公里、综保片 17.8 平方公里(其中保税区区块 7.2 平方公里、邬隘区块 8.8 平方公里、凤凰城区块 1.8 平方公里)。其中,大榭片为油气全产业链、新材料创新和国际航运枢纽功能区;梅山片为国际供应链创新功能区,打造具有全球影响力的国际供应链创新中心;综保片为新型国际贸易和智能制造产业高质量发展示范区。

2019 年,梅山物流产业集聚区管委会正式印发《梅山服务宁波"一带一路"综试区创建行动纲要》,明确了"一港五区"总体布局和五个试验区的建设实施方案,为今后一个时期梅山推进高质量发展、高能级开放指明了方向和路径。国际供应链创新试验区为其中"一区"。近年来,梅山区块重点发展国际贸易、供应链创新,打造具有国际影响力的供应链创新策源中心,多手段多渠道推进国际供应链创新试验区建设,大力引进总部平台型供应链项目,培育供应链"链主"企业,集聚发展"链属"企业;推动供应链平台与金融机构、投资机构对接,创新发展供应链金融;加强与国际资源对接,依托 MIT 宁波(中国)供应链创新学院及中国供应链创新联盟,积极构建连接全球的国际供应链体系,搭建具有国内较大影响力的供应链创新服务综合平台。

近年来,北仑利用区位优势和开发开放优势,持续深化全国首个"国家引进国外智力示范区"建设,在吸引海外高层次人才上做出有益探索,形成"外国专家＋引智平台＋研发平台"的系统化政策支持体系。在海外高层次人才优质项目的资金扶持上,最高予以 2 000 万扶持资金。截至 2021 年 1 月,北仑已引进外国专家近 9 500 人次,常驻北仑服务的外国专家达 580 多名,帮助企业研发和设计新产品 500 项,申请专利及专利授权 310 项,解决技术难题 600 个,填补国内技术空白 120 项。

2021 年 5 月 21 日,宁波市人民政府办公厅印发《中国(浙江)自由贸易试验区宁波片区建设方案》,提出到 2025 年的目标是形成与功能定位相适应的开放制度体系和国内一流的营商环境。到 2035 年的目标是宁波将形成与国际全面接轨、具有中国特色的高度开放的制度体系、监管模式和营商环境,实现更高水平的投资贸易自由化,成为新时代改革开放的新高地。

自 2020 年挂牌以来,宁波片区根据自身定位,积极打造具有国际影响力的油气资源配置中心。依托其良好的港口条件和开放优势,宁波片区再迎国家战略垂青,获批建设国家大宗商品战略储运基地。2021 年,北仑立足全国首个"国家引进国外智力示范区"优势,创新设立了宁波高端装备海外工程师协同创新中心。供需对接平台提供专业化、集成化、个性化服务,为企业、行业解决技术瓶颈。截至 2022 年 8 月,宁波片区累计实现"本土策源"制度创新 107 项,27 项建设成果分批入选浙江省"十大进展",15 项制度创新案例入选省级"最佳案例"。2022 年上半年,北仑工业经济稳进提质,完成规上工业增加值 612.7 亿元,总量位居浙江省第一。2019 年至今,北仑规上工业增加值蝉联浙江省第一,2021 年更首次突破千亿大关,呈现出一条增量发展的"上扬线"。2022 年上半年,北仑实现外贸进出口总额 2176.9 亿元,同比增长 8.8%,占浙江省比重 11%,在国家构建新发展格局、省市新一轮扩大开放中的"排头兵"作用日益凸显。

四、宁波发展"双自"联动面临的威胁(T)

(一)区域竞争压力不断加大

2021 年 11 月 2 日,中国社会科学院财经战略研究院与中国社会科学出版社发布《中国城市竞争力报告 No.19》(以下简称《报告》),全方位评估中国内地和港澳台地区 291 座城市的综合经济竞争力、可持续竞争力。宁波这两项排名分别位居全国第 13、第 22。从城市综合经济竞争力榜单看,宁波的排名与2020 年相同,稳居全国第 13 位,超越东莞、佛山、长沙、青岛、郑州、沈阳、重庆、西安、天津等"新一线"城市。和宁波一样处于全国 TOP10～15 区间的,还有西南重镇成都、同为长三角主要城市的杭州和无锡、地处粤港澳大湾区的佛山和澳门。其中上海超越深圳、香港荣登第一名,而宁波的竞争压力,尤其是港口竞争,主要来自上海。

1. 上海洋山港的竞争压力

上海洋山深水港位于杭州湾口外的崎岖列岛,由小洋山岛域、东海大桥、洋山保税港区组成,洋山港港区规划总面积超过 25 平方公里,包括东、西、南、北四个港区,于 2005 年 12 月 10 日开港,在业务上属于上海港港区,行政区划属于浙江省舟山市的嵊泗县。东港区为能源作业港区,还是远东最大的成品油中转基地;南港区以大洋山本岛为中心,西至双连山、大山塘一带,东至马鞍山。将作为洋山港 2012 年以后的规划发展预留岸线;北港区、西港区为集装箱装卸区,是洋山港的核心区域。规划深水岸线 10 公里,可布置大小泊位 30 多个,可以装卸世界最大的超巴拿马型集装箱货轮和巨型油轮。上海国际航运中心洋山深水港区是上海国际航运中心的集装箱深水枢纽港区,也是上海港参与国际竞争的核心港区,能够满足大型集装箱船舶进出,规划成为国际远洋班轮的主靠港,港口发展兼有 LNG、油气品运输等功能。

洋山港西北距上海市南汇芦潮港约 32 公里,南至宁波北仑港约 90 公里,距国际航线仅 45 海里,是距上海最近的深水良港,已经成为上海国际航运中心新坐标。上海洋山港和宁波北仑港之间相距不到 100 公里,也是世界上少有的两个深水大港距离如此之近,上海洋山港更侧重集装箱,宁波北仑港更侧重大宗商品,但在依靠港口发展对外经济方面对宁波仍然造成了很大的竞争压力。

2. 周边城市科技创新竞争压力

截至目前,中国共有 15 座副省级市,分别是广州、武汉、哈尔滨、沈阳、成都、南京、西安、长春、济南、杭州、大连、青岛、深圳、厦门、宁波。其中深圳、大连、青岛、宁波、厦门是计划单列市,其他均为省会城市。

2021 年深圳以 30 664.85 亿元的经济总量位居 15 座城市 GDP 排行榜上第一名(见表 5 - 2),紧随其后的是广州。深圳、广州是全国百强城市中的第

三、四名,仅次于上海和北京。

表 5 - 2　**2021 年 15 座副省级城市 GDP 排名**

排名	城市	所在省份排名	2021 年全国排名	2021 年GDP(亿元)	2021 年实际增速
1	深圳	广东 1	3	30 664.85	6.7%
2	广州	广东 2	4	28 231.97	8.1%
3	成都	四川 1	7	19 916.98	8.6%
4	杭州	浙江 1	8	18 109	8.5%
5	武汉	湖北 1	9	17 716.76	12.2%
6	南京	江苏 2	10	16 355.33	7.5%
7	宁波	浙江 2	12	14 594.9	8.2%
8	青岛	山东 1	13	14 136.46	8.3%
9	济南	山东 2	18	11 432.22	7.2%
10	西安	陕西 1	24	10 688.28	4.1%
11	大连	辽宁 1	29	7 825.9	8.2%
12	沈阳	辽宁 2	31	7 249.7	7.0%
13	长春	吉林 1	33	7 103.12	6.2%
14	厦门	福建 3	34	7 033.89	8.1%
15	哈尔滨	黑龙江 1	48	5 351.7	5.5%

数据来源:GDP 来源于各地统计局及官网公布数据

在 15 座副省级城市中,经济总量突破 1 万亿元的城市有 10 座,其中宁波排名第 7 位,在五个计划单列市中,虽然仅次于深圳和广州,但是 GDP 总量不到深圳市 GDP 的一半,也低于省会城市杭州和周边城市南京的 GDP。

如果从 15 座城市的人均 GDP 数据来看(见表 5 - 3),人均 GDP 位居前三位的分别是南京、深圳、宁波。其中,南京和深圳人均 GDP 均突破 17 万元。2021 年宁波市人均 GDP 接近全国人均 GDP 80 976 元的两倍,略高于杭州市人均 GDP,在五个计划单列市中,仅次于深圳人均 GDP,位列第二。

表 5 - 3　2021 年 15 座副省级城市人均 GDP 排名

人均 GDP 排名	城市	2021 年 GDP(亿元)	2020 年 人口(人)	人均 GDP (万元)
1	南京	30 664.85	9 314 685	17.56
2	深圳	28 231.97	17 560 061	17.46
3	宁波	19 916.98	9 404 283	15.52
4	杭州	18 109	11 936 010	15.17
5	广州	17 716.76	18 676 605	15.12
6	武汉	16 355.33	12 326 518	14.37
7	青岛	14 594.9	10 071 722	14.04
8	厦门	14 136.46	5 163 970	13.62
9	济南	11 432.22	9 202 432	12.42
10	大连	10 688.28	7 450 785	10.50
11	成都	7 825.9	20 937 757	9.51
12	西安	7 249.7	12 952 907	8.25
13	沈阳	7 103.12	9 027 781	8.03
14	长春	7 033.89	9 066 906	7.83
15	哈尔滨	5351.7	10 009 854	5.35

数据来源:GDP 来源于各地统计局及官网公布数据,人口采用第七次人口普查数据

　　虽然 2021 年宁波市的 GDP 和人均 GDP 分别位于全国第七和第三位,但是城市间的科技创新竞争加剧,尤其是周边的南京、上海和杭州的科技创新发展对宁波形成了挑战。根据《报告》,2021 年宁波的城市竞争力、当地要素竞争力、可持续竞争力均低于周边的上海、南京、苏州和杭州。2021 年,上海社会科学院长三角与长江经济带研究中心发布了"长三角城市群科技创新驱动力指数(2020)",测算了 2020 年长三角城市群 27 个城市的科技创新驱动力综合指数。该指标体系包含科技创新投入、科技创新载体、科技创新产出、科技创新绩效 4 个专项(一级)指数,以及科技研发投入、人力资源投入、创新基础投入、科技研发载体、高新产业载体、创新培育载体、科技研发成果、成果转化与产业化、投入产出绩效、驱动转型绩效 10 个二级指标。从综合指数看,长三角城市群 27

个城市的科技创新驱动力呈现出四个等级层次:第一层次是上海,综合指数得分超过 0.7,是长三角城市群的科创领军城市;第二层次有南京、杭州、苏州、合肥 4 个城市,综合指数得分超过 0.4,是长三角城市群的科创核心城市;第三层次有芜湖、无锡、宁波、常州、南通、扬州、镇江 7 个城市,综合指数得分超过 0.25,是长三角城市群的科创重点城市;宁波以 0.314 的综合得分在长三角城市群 27 个城市中排名第 8,在浙江省城市中排名第 2,仅次于杭州,但在长三角城市群中,低于周边城市上海、南京和苏州。

此外,在科技创新驱动力专项指数方面,科技创新投入指数排名前十的城市是:上海、南京、杭州、苏州、合肥、无锡、宁波、镇江、常州、绍兴;科技创新载体指数排名前十的城市是:上海、南京、合肥、苏州、杭州、无锡、南通、宁波、盐城、扬州;科技创新产出指数排名前十的城市是:上海、南京、杭州、苏州、合肥、芜湖、无锡、宁波、常州、南通;科技创新绩效指数排名前十的城市是:南京、芜湖、杭州、上海、扬州、合肥、舟山、苏州、马鞍山、镇江。

综上排名可知,宁波在科技创新投入、科技创新载体指数和科技创新产出指数排名中,均低于上海、南京、杭州和苏州,只有科技创新绩效指数排名中高于苏州,但依然低于上海、南京和杭州。

(二)对外开放程度仍有待提升

从 2012 年到 2021 年,在高质量发展新征程中,宁波市稳外贸稳外资工作成效显著,均实现了历史性跨越。2021 年,宁波进出口规模首破万亿元大关,成为全国第六个、浙江省第一个破万亿元城市,新型国际贸易中心地位牢固树立。十年间,宁波进出口规模翻了一番,从 2012 年的 965.7 亿美元上升至 2021 年的 1 845.3 亿美元(以人民币计 11 926.1 亿元),占全国的比重从 2.5% 上升至 3.05%,跃居全国城市第六,出口稳居全国第五。宁波是全国首批外贸综合服务平台试点、第二批跨境电商综试区、第三个开展新型离岸国际贸易试点的地区,2021 年成为全国首个跨境电商零售进口破千亿城市,新型离岸国际贸易规模达到 131.9 亿美元,位居全国城市第三。宁波拥有进出口业绩的外贸企业超 2.4 万家,160 多种自产商品销量常年居世界前列。宁波拥有备案境外企业和机构 186 家,年度备案(核准)中方投资额达 24.3 亿美元,较 2012 年增长 85.92%,年度境外承包工程劳务合作营业额达 18.8 亿美元,较 2012 年增长

51.86％。宁波拥有百隆(越南)纺织园区等 3 家省级境外经贸合作区,成为参与"一带一路"建设的重要平台。

宁波的发展崛起充分体现了改革开放理论和政策的演变史。借助港口贸易带动临港制造业发展机制,宁波逐渐成为出口导向的外向型工业大市,深度服务于"中国制造"走向全球。2021 年宁波市外贸进出口总额达 1.19 万亿元,位居全国第 6,是全国对外贸易依存度最高的城市之一。与上年相比(下同)增长 21.6％。其中,出口 7 624.3 亿元,同比增长 19％,进口 4 301.8 亿元,同比增长 26.3％。站在"两个一百年"的历史交汇点上,我国对外开放的战略环境、战略目标和战略布局都面临新的变化,中央提出要全面提高对外开放水平,建设更高水平开放型经济新体制,形成国际合作和竞争新优势。宁波作为开放前沿,在建设现代化滨海大都市、争创社会主义现代化先行市的新征程中,需要发展更高层次的开放型经济,大胆创新体制机制、大力提升国际化水平。

随着"一带一路"的推进,自贸区和保税区刺激出口增长,对宁波的改革开放起到重要作用。而且,宁波地理位置特殊,位于长江经济带和丝绸之路的汇合之处,市场贸易通港便捷,改革开放以来,宁波市基本形成了全方位、多层次、宽领域的对外开放格局,开放型经济取得了巨大成就。从国际贸易和国际直接投资发展规模来衡量,宁波市已经成为居中国前列的对外开放型世界知名城市。但是从开放型经济的质量、效益、效率、对外贸易结构、国际直接投资结构和开放型经济的发展水平来衡量,宁波市还远不是开放型经济强市。宁波虽然贸易规模庞大,但出口商品技术层次和附加值较低,造成贸易规模与贸易结构失衡问题。而且,服务贸易发展过于滞后,带来服务贸易与货物贸易结构失衡问题。对外投资薄弱,造成外商直接投资与对外直接投资失衡问题。过去宁波的开放政策主要集中在出口贸易、外商直接投资等领域,着重发展制造业,而对高端服务业、对外直接投资、环境问题则重视不够。

第三节　国内其他自主创新示范区和自贸区联动发展经验借鉴

自 2013 年在上海设立首个自贸试验区以来,经过 6 次扩容,我国形成了"1＋3＋7＋1＋6＋3"的自贸试验区格局。为落实国家的战略使命,促进"双自"联动发展,上海、江苏、广东、福建、北京和天津等省市做出了许多有益的探索,为宁波实现"双自"联动发展提供了重要的借鉴和参考。

一、上海张江高科自创区与上海自贸区张江片区联动发展

上海张江高新区建设国家自主创新示范区,于 2011 年 1 月 21 日经国务院批准设立,2012 年,被国家质检总局评为首批"全国知名品牌创建示范区"。2013 年 9 月 29 日,中国(上海)自由贸易试验区正式成立,面积 28.78 平方公里,涵盖上海市外高桥保税区、外高桥保税物流园区、洋山保税港区和上海浦东机场综合保税区等 4 个海关特殊监管区域。2014 年 12 月 28 日.全国人大常务委员会授权国务院扩展中国(上海)自由贸易试验区区域,将面积扩展到 120.72 平方公里。扩展区域包括陆家嘴金融片区、金桥开发片区和张江高科技片区。张江国家自主创新示范区面积 531 平方公里,两大国家战略有约 65 平方公里的叠加区域,"双自联动"应运而生。

张江国家级自主创新示范区和中国(上海)自由贸易试验区张江片区是我国实施创新驱动战略和转型升级方针的两大先导区,在我国新一轮的深化改革开放和加快在上海建设全球经济一体化背景下的全球创新中心的总体布局中具有重要的地位和关键的作用。而实施张江示范区与自贸试验区的"双自联动、融合发展"不仅具有重要的战略意义,而且具备坚实的实践基础。

(一) 制定出台"双自"联动方案

为贯彻落实中共中央、国务院《关于深化体制机制改革加快实施创新驱动发展战略的若干意见》(中发〔2015〕8 号)、国务院印发的《进一步深化中国(上海)自由贸易试验区改革开放方案》(国发〔2015〕21 号)、国务院批复同意的《上海张江国家自主创新示范区发展规划纲要(2013－2020 年)》(国函〔2013〕64 号)和中共上海市委、上海市人民政府《关于加快建设具有全球影响力的科技创新中心的意见》(沪委发〔2015〕7 号),加快推进中国(上海)自由贸易试验区和上海张江国家自主创新示范区联动发展,2015 年 11 月,上海出台的《关于加快推进中国(上海)自由贸易试验区和上海张江国家自主创新示范区联动发展的实施方案》,涵盖了创新环境、机构集聚、金融开放、知识产权保护、人才制度 5个方面的内涵,具体包括 18 条措施。率先探索创新驱动发展的制度安排,充

分利用国际国内"两个市场、两种资源",促进科技、金融、贸易、产业的多维度融合,推动人才、资本、技术、知识的多要素联动,加强产学研、内外资、政社企的多主体协同,着力打造国际化循环、全球化配置的创新创业生态系统,促进制度创新、开放创新、金融创新、科技创新的深度融合,不断提升自贸试验区和张江示范区的功能、质量、效益。目标到 2030 年,着力把"双自"叠加区域打造成为具有全球影响力的创新资源配置中心、创业孵化中心、技术贸易中心、科技创新中心的重要载体和示范区域,推动全市成为全球创新网络的重要枢纽之一。

2017 年 5 月,为落实联动方案,上海张江高科技园区自纳入中国(上海)自由贸易试验区扩区范围以来,充分利用"双自联动"(张江国家自主创新示范区和上海自贸区联动发展)改革先机,实现自主创新和高科技产业的跨越式发展,助推张江科创中心核心区建设。

(二)以产业联动促进"双自"联动建设

上海围绕自贸试验区与自创示范区两区的产业联动发展,开展了高新技术企业认定、创新药物上市许可持有人制度、建设国际化创新创业孵化平台及面向国际的知识产权交易服务平台等 10 个方面的创新改革试点。当前,这些试点事项正在稳步推进,其中有些事项已取得了阶段性成果。2018 年 2 月,远心医疗的单道心电记录仪获批上市,尝鲜"医疗器械注册人"制度试点;2018 年 9 月,张江自主创新示范区依托勃林格殷格翰等知名企业作为生物制药和合同生产平台,率先在全国开展了药品上市许可人制度试点,启动实施了医疗器械注册人制度试点。"药品上市许可持有人"制度首批试点企业——和记黄埔拿到自主原研创新药呋喹替尼胶囊的上市许可。

(三)注重科技金融的链接创新和人才引进

2016 年 11 月,为促进上海自贸试验区张江片区与自创示范区的金融链接创新,中国人民银行上海总部印发了《关于进一步拓展自贸区跨境金融服务功能支持科技创新和实体经济的通知》,支持进一步拓展跨境金融服务,在上海自贸试验区率先为符合准入条件的客户群体开立首批境外个人自由贸易账户(FTF 账户),并提供相关金融服务。2019 年 10 月,人民银行上海总部印发《关于促进金融科技发展 支持上海建设金融科技中心的指导意见》,鼓励金融机构在上海自贸试验区开展金融科技创新应用试点。作为区域性股权市场运营机构,上海股权托管交易中心服务上海自贸试验区发展,探索金融创新,助力科创企业发展壮大;发明专利审查从三年缩短到三个月,实用新型从一年缩短到一个月,外观设计从三个月缩短到一周——中国(浦东)知识产权保护中心已在快速获权、快速确权、快速维权方面向前迈出一大步,知识产权保护机制也在为创新提速。

2020 年 8 月,上海发布了"1+4"海外人才新政。其中,"1"指在上海自贸试验区临港新片区实行的政策,即《中国(上海)自由贸易试验区临港新片区支持留学人员创新创业若干措施》;"4"指在上海全市范围实行的政策,具体包括《进一步支持留学人员来沪创业的实施办法》《上海市海外人才居住证管理办法》及实施细则、《关于做好优秀外籍高校毕业生来沪工作等有关事项的通知》《上海留学人员创业园管理办法》。这些政策是上海围绕海外人才权益保障、创业支持、就业政策、乐业通道等方面打出的人才政策"组合拳",对在上海自贸试验区、张江国家自主创新示范区工作并符合一定条件的外籍高层次人才,经自贸试验区或张江高新区管委会推荐,可申请在华永久居留。

(四)持续优化营商环境

建立和完善"一张网、全覆盖、多层次"一体化招商服务体系,打造"线上+线下"的综合服务平台,挂牌设立"张江科学城企业服务中心"。将张江科学城 95 平方公里划分为 562 个网格单元,建立了楼长和片长、分中心客服、中心客服的三级线下服务体系,由 119 名楼长和 24 名片长组成服务队伍。实施"精准招商+创新驱动+协同发展",推动镇级工业园区转型升级,进一步放大产业集聚效应。2020 年 1 月 15 日,张江科学城企业服务线上平台正式上线。此外,张江科学城推行帮办服务,为落户张江的企业进行全流程帮办服务,同时,为重大项目落地实行专人负责制,为项目建设提供全过程服务。

2020 年上半年,张江科学城工业总产值、固定资产投资额以及实到外资额均实现同比两位数增长。未来,张江科学城将继续发挥国家自主创新示范区和自贸试验区的叠加优势,对标国际最高标准和最好水平,深化改革制度创新、提升政府服务能力、持续优化营商环境、强化自主创新策源功能,加速打造"科学特征明显、科技要素集聚、环境人文生态、充满创新活力"世界一流张江科学城。

二、江苏苏南国家自创区与江苏自贸区联动发展

苏南国家自主创新示范区是南京、苏州、无锡、常州、昆山、江阴、武进、镇江等8个高新技术产业开发区和苏州工业园区建设的工业园区。2014年10月20日,由国务院批复设立。2019年8月2日,国务院同意设立中国(江苏)自由贸易试验区,简称江苏自贸区,位于江苏省南京市、苏州市、连云港市境内,涵盖南京片区、苏州片区、连云港片区,总面积119.97平方公里。中国(江苏)自由贸易试验区以"着力打造开放型经济发展先行区、实体经济创新发展和产业转型升级示范区"为战略定位,经过3～5年改革探索,对标国际先进规则,形成更多有国际竞争力的制度创新,建成投资贸易便利、高端产业集聚、金融服务完善、监管安全高效、辐射带动作用突出的高标准高质量自贸园区。

苏南国家自主创新示范区是国内首个以城市群为规划范围的国家自主创新示范区,其两大龙头城市苏州和南京都是自贸区片区所在地,这种空间上的重合,为江苏省推进"双自"联动奠定了良好的区位优势基础。但也面临着相应的障碍和挑战。比如,在空间布局方面,自贸区与自创区的重叠范围偏小,这种空间上的分离将导致行政力量的弱化,进而消解"双自"联动的政府治理功效。在体制机制方面,缺乏明确的顶层设计,现有管理体制仍旧存在部门分割等体制机制障碍,造成两区要素资源的集中共享困难。在平台载体方面,江苏省自创区的制度创新主要是以服务创新型经济为重点的,对于开放型经济主体发展的制度支持有待改进。在创新主体方面,自创区和自贸区的建设都需要强有力的创新型企业集群来支撑,但江苏省区内缺乏创新型领军企业。同时,区域内不同类型的创新主体间互动协调性不够强,严重阻碍了集群式研发和协同式创新。

(一)制定出台"双自"联动方案

2020年5月,江苏省人民政府印发《苏南国家自主创新示范区一体化发展实施方案(2020—2022年)》(苏政发〔2020〕38号)中指出,要坚持"双自"联动,支持"双自"联动片区率先开展相关改革试点,实现自创区与自贸区功能叠加、政策共享。自创区和自贸区分别是我国在自主创新和对外开放两个维度的最高层次的国家战略,二者在空间范围上的重叠和在功能定位上的互补互促,使

"双自"联动成为相关区域的重要发展路径。并围绕决策、咨询、执行3个重点环节,明确提出"建立实体化运作的一体化组织工作体系""一体化建设重大科技支撑平台""一体化实施重大科技攻关项目""建立一体化实施工作推进体系"4个"一体化"方面的任务。目标是基本建成与现代产业体系高效融合、创新要素高效配置、科技成果高效转化、创新价值高效体现的开放型区域创新体系,拥有一批具有国际先进水平和较强竞争力的创新型园区,形成若干个世界级产业集群,成为具有国际影响力的产业科技创新中心和创新型经济发展高地。

(二)加强顶层设计和统筹协调

在江苏省苏南自创区建设工作领导小组的领导下,围绕决策、咨询、执行三个重点环节,进一步完善体制机制,建立健全推进一体化发展的组织机构和工作机制,形成推进创新驱动发展的体制优势和组织优势。整合江苏省自贸区领导小组和江苏省苏南国家自主创新示范区建设工作领导小组的相关资源,搭建江苏"双自"联动联席会议机制,由相关领导协商决定关于"双自"联动的战略框架、体制机制、保障措施等问题,协调"双自"联动过程中的跨区域合作和利益分歧问题,督促专项工作方案与事项推进,实现改革措施相互配套与协同推进。

在江苏省苏南国家自主创新示范区建设工作领导小组办公室加挂江苏双自联动工作领导小组办公室的牌子,吸收江苏自贸区工作领导小组办公室的人员,形成联动发展的合力。成立苏南自创区理事会、苏南自创区专家咨询委员会和设立苏南自创区管理服务中心。以市场化模式设立实体化运作的苏南自创区管理服务中心,落实理事会审定的各项部署和重点任务,具体负责苏南自创区重大科技平台和项目实施的管理服务工作,组织开展对苏南自创区一体化发展的绩效考核,承担创新型园区建设、创新型企业培育、创新型产业集群发展、科技成果转移转化、政策先行先试、科技金融、人才建设、创新一体化服务平台等专业化科技服务工作。

(三)一体化建设重大科技支撑平台

苏南自创示范区紧紧把握自贸试验区建设和长三角一体化等战略机遇,提出了建立一体化实施工作推进体系,实施创新型园区建设等六大行动计划;围绕半导体、新材料、生物医药等重点领域,搭建产业技术创新平台;针对苏南地区新兴产业发展的重大需求,组织实施一批重大产业发展项目。

按照"统筹布局、开放共享"的原则,加强江苏省与地方联动,部署实施一批跨区域、辐射带动面大、具有全局影响力的重大科技支撑平台。由专家咨询委员会论证推荐重大平台建设方向,理事会统一决策实施,理事会秘书处负责协调推进,管理服务中心负责重大平台的实施管理。共建重大科学研究设施、产业技术创新平台、科技公共服务平台和创新投资基金平台。

(四)一体化实施重大科技攻关项目

以实现重点领域关键核心技术自主可控为目标,围绕半导体、新材料、生物医药等产业和先进制造业集群,共同组织实施一批战略性、跨区域、跨领域的重大关键核心技术攻关项目和产业发展项目,协同发挥省和地方在重大项目组织实施中的作用,努力补齐创新链关键短板,保障产业链和供应链安全。共同承接国家重大科研项目、联合开展关键共性技术攻关、协同推进科技成果转移转化和组织实施重大产业发展项目。

(五)建立一体化实施工作推进体系

加强省与市、高新区协同联动,在深化苏南五市创新一体化发展布局的基础上,统筹实施创新型园区建设、创新型企业培育、创新型产业集群发展、人才发展一体化、开放型创新生态建设、全面创新改革试验推进等六大行动计划,统筹推进科技改革发展,提升创新体系整体效能。实施创新型园区建设行动计划、创新型企业培育行动计划、创新型产业集群发展行动计划、开放型创新生态建设行动计划、人才发展一体化行动计划和全面创新改革试验推进行动计划。

此外,江苏在科技金融方面,通过共建创新投资基金平台等方式,支持苏南自创示范区建设等创新驱动发展部署,围绕科技创新的关键领域和前沿科技产业,加大对种子期、初创期的科技型企业的投资力度;在知识产权方面,积极推进国家知识产权局专利审查协作江苏中心等跨地区综合性科技服务平台建设,支持江苏国际知识产权交易中心等相关机构开展市场化运作,提升知识产权的运营和服务水平。

南京市紧紧把握自贸区和自创区"双自"联动重大机遇,深入实施创新驱动发展121战略,加快构建"一圈双核三城多园"一体化创新发展格局,打造具有全球影响力的创新名城、综合性科学中心和科技产业创新中心。支持江北新区加快构建"两城一中心"(芯片之城、基因之城和新金融中心)现代产业发展新格局,建设具有国际影响力的自主创新先导区、现代产业示范区和对外开放合作重要平台。推动南京高新区争创世界一流高科技园区,加快建设麒麟科技城等创新核心区,联动推进未来网络试验设施、网络通信与安全紫金山实验室、信息高铁等重大科技平台建设,全力打造新能源汽车、集成电路、人工智能、软件和信息服务、生物医药等"全省第一、全国前三、全球有影响力"的产业地标。

苏州市紧紧把握自贸区和自创区"双自"联动重大机遇,加快构建"四核多区两中心"一体化创新发展格局,持续打造具有全球影响力的产业科技创新高地,着力建成江苏高质量发展的样板城市、长三角创新一体化典范城市、全国高水平的创新型引领城市、全球范围内制造业开放创新的先进城市。发挥苏州工业园区"世界一流高科技园区"试点优势,加快推进开放创新综合试验区建设,重点发展生物医药、纳米技术应用、人工智能、新一代信息技术、高端装备制造等产业,打造全方位开放高地、国际化创新高地、高端化产业高地。推动苏州高新区跻身全国国家高新区第一方阵,大力提升昆山高新区、常熟高新区国家创新型特色园区建设水平,支持建设纳米真空互联试验装置、材料科学姑苏实验室、细胞研究与应用科学设施、长三角先进材料研究院、苏州航空航天创新基地等重大科技平台。深化中新、中德、中日、中荷两岸开放创新合作,形成对外开放一体化和协同发展新格局。

江苏自贸试验区推广了"服务'一带一路'的中欧班列'保税加出口'货物集装箱混拼模式"等 20 项经验。

三、福厦泉国家自创区和福建自贸区联动发展

福厦泉国家自主创新(以下简称"福厦泉自创区")和中国(福建)自由贸易试验区(以下简称"福建自贸区")分别于 2016 年 6 月和 2014 年 12 月获国务院批准建设。福厦泉自创区包括福州、厦门、泉州 3 个国家高新技术产业开发区,中国(福建)自由贸易试验区是中国大陆境内继上海自贸试验区之后的第二批自贸试验区,总面积 118.04 平方公里,包括福州、厦门、平潭三个片区。其中福州片区 31.26 平方公里、厦门片区 43.78 平方公里、平潭片区 43 平方公里。

福厦泉自创区与福建自贸区作为两大国家发展战略,各具特色和优势,又各有侧重。福建自创区以科技创新的体制和机制创新为核心内容,创新创业环

境逐步优化，有助于自贸区进一步扩大服务业开放；福建自贸区是以开放的体制和机制创新为核心，有利于市场资源优化配置，加快自创区的高端创新主体汇聚"双自"具备联动发展的基础条件，能有机结合运行，实现优势互补，并能放大战略效益。

福建省高度重视自创区和自贸区建设工作，已将促进"双自"联动发展作为当前重中之重的工作加以推动，已建立福厦泉自创区和福建自贸区联动发展联席会议制度，采取定期沟通协作机制，统筹推进协同发展。已将"双自"联动内容列入自创区和自贸区的年度建设工作要点，相互借鉴改革创新成果。

（一）制定出台"双自"联动方案和决议

2017 年 8 月，为贯彻落实《中共中央国务院关于深化体制机制改革加快实施创新驱动发展战略的若干意见》《中国（福建）自由贸易试验区总体方案》《国务院关于同意支持福厦泉建设国家自主创新示范区的批复》（国函〔2016〕106 号），加快推动福厦泉国家自主创新示范区厦门片区（以下简称自创区）与中国（福建）自由贸易试验区厦门片区（以下简称自贸区）联动融合发展，根据《福厦泉国家自主创新示范区建设实施方案》（闽委发〔2016〕19 号）、福建省人民政府批复的《中国（福建）自由贸易试验区厦门片区实施方案》（闽政文〔2015〕121 号）、《福厦泉国家自主创新示范区厦门片区发展规划纲要（2016—2025 年）》和《福厦泉国家自主创新示范区厦门片区行动方案（2016—2025）》（厦委发〔2017〕13 号），制定了《推动福厦泉国家自主创新示范区厦门片区与中国（福建）自由贸易试验区厦门片区联动发展的实施方案》。率先探索创新驱动发展的制度安排，充分利用国际国内"两个市场、两种资源"，促进制度创新、开放创新、金融创新和科技创新的多维度融合，推动人才、资本、科技的有机联动，努力深化体制创新、便捷要素流动、集聚高端产业，不断提高自创区和自贸区的功能、质量和效益。

2018 年 12 月，福建省自创办和省自贸办联合印发《福厦泉国家自主创新示范区与中国（福建）自由贸易试验区联动发展第一批可复制改革创新政策举措的通知》，在全省、自创区和自贸试验区复制推广第一批 7 项改革创新政策举措，迈出福建省推动"双自联动"政策叠加的第一步，加快实现自创区与自贸区优惠政策的深度叠加和改革创新功能的有机融合，形成"1＋1＞2"的放大效应，加快释放"双自联动"叠加效应。

2020年3月,福建省自创办与省自贸办联合发布了《关于推广福厦泉国家自主创新示范区与中国(福建)自由贸易试验区联动发展第二批可复制改革创新政策举措的通知》,推出5项全省可复制推广的创新改革政策举措。其中,福州自贸片区IT技能人才虚拟双创平台在全省复制推广;厦门片区4项,内容涉及创新创业税收服务、集成电路保税研发与检测、高新研发制造企业海关信用培育、软件和信息服务业人才企业自主认定等方面。截至目前,厦门市探索形成了两批共11项全省可复制推广的改革创新政策举措,占全省总体的92%。

2020年5月,福建厦门市人民政府办公厅印发了《厦门市深化"双自联动"工作行动方案》,从创新管理服务、推动知识产权全要素集成集聚、培育未来产业集群、提升"金融＋"功能、加大人才引进力度、推动两岸合作交流6个方面提出了19条措施,着力健全工作机制,强化"平台＋基地"建设、制度创新等方面的协作联动。近年来,厦门市自创办、市自贸委深入推进"双自联动"工作,联合制定了"双自联动"实施方案,建立了联动发展联席会议制度。在生物医药、集成电路产业等领域取得突破性进展;生物材料特殊物品出入境公共服务平台已于2019年底投入使用;集成电路全产业链保税监管模式试点获海关总署批复同意;国家"芯火"双创基地获工信部正式批复建设,厦门进入国家集成电路产业战略布局第一梯队。

2020年9月,福建省第十三届人民代表大会第四次会议听取并通过了《福建省人民代表大会关于动员全省人民全方位推动高质量发展超越的决议》(以下简称《决议》)。《决议》强调,要推动科技创新,加快福厦泉国家自主创新示范区建设,建设高水平创新型省份。福厦泉地区与中国(福建)自由贸易试验区等具有政策优势的区域部分或完全重合,这表明福厦泉地区的政策优势十分明显,有助于在不同领域借助不同优势推进福建省建设与福厦泉国家自主创新示范区的进程。

(二)推动相关创新政策

首批创新政策在厦门市自创区与自贸试验区大胆改革创新、着力先行先试的基础上,遴选出的改革创新举措。根据不同的适用范围和推广区域条件等,分为在福建全省、自创区和自贸试验区复制推广两类。其中,构建重点产业全链条公共技术服务平台体系、建立"信贷＋保险＋基金"科技金融产品体系、创新知识产权金融服务模式和知识产权网上侵权预警与存证云服务等 4 项在全省进行复制推广；改革出入境特殊物品审批制度、支持重点产业创新职称评审机制和推动海外离岸孵化器试点等 3 项在自创区和自贸试验区进行复制推广。福建自贸试验区推广了"设立台胞台企服务专窗"等 23 项经验，

厦门设立自贸区全国首家保险产品创新实验室，建成省内首个在自贸区内的海外人才离岸创新创业基地，集聚集成电路产业链相关的公共技术服务平台已服务企业 817 家。自创区与香港科技园签订创新合作框架协议，组织多家企业赴香港参加香港应科院科创峰会对接技术需求，与香港商汤智能科技等 5 家组织机构达成合作协议，进一步加强闽港科技交流合作。已遴选出的改革出入境特殊物品审批制度、构建重点产业全链条公共技术服务平台体系等首批"双自"联动创新举措印发全省复制推广，有效释放"双自"联动叠加效应。

福建高度关注厦门的金融与知识产权服务创新，并将相关创新举措进行复制和推广。厦门推出了"信贷＋保险＋基金"科技金融产品体系、创新知识产权金融服务模式、知识产权网上侵权预警和存证云服务 4 项创新举措，并将此推广至福建全省。厦门通过开发系列科技信贷产品、试点科技保险业务、建立科技创投基金链条等方式，促进金融与科技有效对接；启动专利权质押融资工作，开展"知保贷""知担贷"专利权质押融资服务；成立厦门知识产权金融服务联盟，由厦门知识产权投资公司发起，涵盖银行、担保、保险、评估、创投及金融服务等机构。

（三）加强组织实施

要将复制推广自创区与自贸试验区的创新成果列为本地本部门的重点工作，加强组织领导，健全工作机制，结合本地本部门发展实际，认真研究分析，采取有效措施，切实抓好宣传推广和深化落实。同时，密切跟踪已推广的第一批联动创新举措实施成效。各地各有关部门要主动加强与福州市、厦门市学习交流，做好与自创区建设工作领导小组、自贸试验区工作领导小组成员单位的沟通对接，加快复制推广改革创新政策举措的进度和成效。推广过程中遇到的问题，应加强与自创区建设工作领导小组、自贸试验区工作领导小组成员单位及办公室的沟通交流。自创区建设工作领导小组、自贸试验区工作领导小组成员

单位及办公室要主动加强对复制推广工作的业务指导,及时帮助协调解决有关问题,确保创新成果复制推广落实到位,取得实效。各地各有关部门要及时总结复制推广情况,凝炼创新举措,强化示范带动作用,扩大推广成效。自创区建设工作领导小组、自贸试验区工作领导小组办公室要认真组织研究,及时总结提升,推动改革创新成果为福建省创新发展和扩大开放释放更多红利。

(四)建立"双自"联动人才机制

福建厦门加大对人才的引进力度,积极推进高新人才跨境流动便利化,打造科技人才创新创业高地,探索与国际接轨的跨境人才流动制度。着力健全外籍人才管理服务体系,拓展外国高端人才服务"一卡通"试点范围,完善"外国人才服务站"等的功能,实施外国人来华工作许可制度等;建立"双自联动"人才政策叠加机制,在自贸试验区与自创示范区叠加区域内设立厦门市"双自联动"人才管理公司,使引进的国外人才能够享受叠加政策。改革与完善特殊人才专业技术职称评审制度。对自创区、自贸区内身份、学历和资历等不具备本专业正常的职称评审范围规定和条件要求,但其专业技术水平和能力达到了专业技术职称资格条件,且在经济建设和社会发展事业中做出了突出贡献的各类人才,视同拥有相应的技术职称。

自创区和自贸区工作领导小组要指导各相关单位制定"双自联动"年度工作计划,明确目标任务、责任部门和时间节点,确保各项政策措施落到实处;要加强对"双自联动"工作的督查指导,定期督查重点任务落实情况。

(五)发挥自创区创新优势,提升自贸区创新水平

自创区集聚高水平科技研发机构、改革与完善特殊人才专业技术职称评审制度、大力发展科技服务业、建设国际化创新创业孵化平台和加快推进科技成果转化。依托自贸区开放创新优势,大力建设专业化、市场化的科技成果转移转化机构,建立和发布面向自贸区的科技成果目录,通过研发合作、技术转让、技术许可、技术入股等多种形式,加快科技成果转化。支持在自贸区内建设国家技术转移转化中心,培育国家技术转移示范机构。支持引导自创区内国家技术转移示范机构、示范性生产力促进中心、大型科技服务机构在自贸区内设立工作站,引导自创区内技术产权交易平台在自贸区内设立交易窗口或服务站点。

此外,"双自联动"之下,厦门构建重点产业全链条公共技术服务平台体系,采用"共同建设＋共同运营＋共享收益"的运作模式,集聚集成电路产业链相关的公共技术服务平台。厦门还建立"信贷＋保险＋基金"科技金融产品体系,设立全国首支财政性科技股权直投基金——科技成果转化与产业化基金,获批成立全国第二家科技保险支公司,设立全国保险业首家政府与险企共建的保险产品创新实验室,这也是全国自贸试验区首家保险产品创新实验室。在创新知识产权金融服务模式方面,厦门针对拥有核心专利技术的中小微企业提供专利权质押贷款服务,建立"风险补偿资金池"机制。知识产权网上侵权预警与存证云服务,以政府购买服务的方式,面向企业免费提供"知识产权网上侵权预警与存证云服务"。

四、广东珠三角国家自创区与广东自贸区联动发展

珠三角国家自主创新示范区和中国(广东)自由贸易试验区分别于2015年9月和2014年12月经国务院批准设立。珠三角国家自主创新示范区覆盖了珠三角的广州、珠海、佛山、惠州、东莞、中山、江门、肇庆市8个市。目标是把珠三角建设成为我国开放创新先行区、转型升级引领区、协同创新示范区、创新创业生态区,打造成为国际一流的创新创业中心。广东自贸试验区的实施范围116.2平方公里,涵盖三个片区,包括广州南沙新区片区60平方公里(含广州南沙保税港区7.06平方公里)、深圳前海蛇口片区28.2平方公里(含深圳前海湾保税港区3.71平方公里)、珠海横琴新区片区28平方公里。战略定位为依托港澳、服务内地、面向世界,将自贸试验区建设成为全国新一轮改革开放先行地、21世纪海上丝绸之路重要枢纽和粤港澳深度合作示范区。

（一）制定出台"双自"联动举措

2016年12月,广东省全面深化改革加快实施创新驱动发展战略领导小组国家自主创新示范区建设工作办公室中国(广东)自由贸易试验区工作办公室印发的《关于推动珠三角国家自主创新示范区与中国(广东)自由贸易试验区联动发展的实施方案(2016—2020)》提出,围绕珠三角自创示范区与广东自贸试验区的联动发展,从营造自创区更加开放包容的创新创业生态、全面提升自贸区开放创新发展水平两个方面提出19条具体措施,还明确了开展投贷联动试

点、高层次境外创新人才财政补贴政策、推动开展知识产权质押和投融资服务试点等 14 条试点任务,促进改革与创新"两个齿轮"深度咬合,形成"1+1 大于 2"的放大效应,提升自创区、自贸区的"双自"功能、质量和效益。2017 年 5 月,为落实联动方案,珠海市专门出台了《加快推进珠海国家自主创新示范区和横琴自贸试验片区联动发展(2017—2020 年)的行动方案》。广东自贸试验区推广了"构建聘任港澳籍劳动人事争议仲裁员制度"等 11 项经验。

(二)构建国际化高端科技服务体系

广东着力构建国际化高端科技服务体系和推进科技成果转化,支持珠三角自创示范区内的国家技术转移示范机构、大型科技服务机构等机构在广东自贸试验区内设立工作站,引导自创示范区内技术产权交易平台在自贸试验区内设立交易窗口或服务站点。同时,鼓励广东自贸试验区对外聚集利用全球创新资源,对内整合利用自创示范区内的创新资源,加快突破关键核心技术,支持战略性新兴产业、高技术服务业集群化发展。

此外,为加快珠三角国家自主创新示范区和广东自贸区联动融合发展,广东省充分发挥自贸区制度创新优势,为自贸区营造更加开放包容的创新创业环境,同时积极利用珠三角自创区创新资源集聚优势,全面提升自贸区创新发展水平。

五、北京中关村国家自创区与北京自贸区联动发展

北京中关村国家自主创新示范区是我国设立的第一个自创示范区,于 2009 年挂牌成立。2020 年 9 月,国家批复成立中国(北京)自由贸易试验区,使得北京承担的国家战略使命更加凸显。北京自贸区实施范围 119.68 平方公里,涵盖科技创新、国际商务服务、高端产业三个片区,其中国际商务服务片区 48.34 平方公里,包括北京 CBD 4.96 平方公里、金盏国际合作服务区 2.96 平方公里,城市副中心运河商务区和张家湾设计小镇周边可利用产业空间 10.87 平方公里,首都国际机场周边可利用产业空间 28.5 平方公里。

在全球化背景下,加强自贸试验区和自创示范区"双自"联动建设,发挥北京自贸试验区制度优势和中关村自创示范区的创新基因,是北京实现高质量发展的重要路径。

北京中关村自创区依托北京自贸试验区,构建与国际接轨的制度环境,进一步扩大服务业对外开放,打破制约开放创新的制度藩篱,破解制约科技创新的堵点、痛点、难点问题,创新要素配置方式,吸引全球研发机构、人才及境外资金支持科技创新,简化监管流程,促进跨境创新要素流动便利化,推动中关村自创示范区更好地融入全球创新链,形成全球创新资源集聚高地。

六、天津国家自创区和天津自贸区联动发展

天津国家自主创新示范区和中国(天津)自由贸易试验区(以下简称天津自贸区)分别于 2015 年 2 月和 2014 年 12 月由国务院批准设立。天津国家自主创新示范区总用地面积达 55.24 平方公里,在天津滨海高新技术产业开发区揭牌,主要包括华苑、北辰、南开、武清、塘沽海洋 5 个科技园。天津自贸区是经国务院批准设立的中国北方第一个自贸试验区,区域面积 119.9 平方公里,主要涵盖 3 个功能区,天津港片区、天津机场片区以及滨海新区中心商务片区,全部位于滨海新区辖区范围之内,2015 年 4 月 21 日正式运行。

(一)制定双自联动方案

2021 年 5 月,天津市人民政府为了推进中国(天津)自由贸易试验区和国家自主创新示范区联动发展,实现科技创新和制度创新"双轮驱动",制定了《中国(天津)自由贸易试验区滨海高新区联动创新区总体方案》,深入实施创新驱动发展战略和"制造业立市""创新立区"战略,大胆闯、大胆试、自主改,充分发挥自贸试验区国家制度创新"试验田"作用,赋能天津滨海高新技术产业开发区(以下简称"高新区")科技创新、产业创新再升级,努力实现自贸试验区和国家自主创新示范区政策互动、优势叠加、联动发展和双向溢出,加快打造我国自主创新的重要源头和原始创新的主要策源地,努力贡献更多可复制可推广的试点经验。

用两到三年时间,推动自贸试验区政策向中国(天津)自由贸易试验区滨海高新区联动创新区延伸复制,实施一批协同创新项目,支持开展自主改革,努力在科技制度创新、新动能引育、功能开发等方面形成若干高水平创新成果,加快建设"中国信创谷"、京津冀"细胞谷"和滨海科技城,打造世界一流产业创新中心核心引领区,成为现代产业集聚、要素高效流动、营商环境优良、示范带动作

用突出的高质量联动创新区。

坚持国家战略引领、创新赋能产业、具有较强承载能力和创新潜力的原则，确定联动创新区区域范围。联动创新区总面积32.6平方公里，分为三个区块，分别为：海洋区块，总面积16平方公里，重点发展信息技术应用创新产业（以下简称"信创产业"）（四至范围为东至京山铁路、西至海御路、南至津滨高速、北至宝沛道）；渤龙湖区块，总面积5平方公里，重点发展以创新药研发、基因细胞治疗为代表的生物医药产业（四至范围为东至环湖北路、西至高新一路、南至日新道、北至海油大道）；华苑区块，总面积11.6平方公里，重点发展新经济服务业、医药健康产业（环外部分四至范围为东至京沪高速公路、海泰南北大街，西至海泰西道，南至海泰南道，北至海泰北道、海泰东西大街，面积约9.6平方公里。环内部分四至范围为东至简阳路，西至外环西路，北至复康路，南至迎水道，面积约2平方公里）。联动创新区建设取得明显成效，各方面条件成熟后，可研究将实施范围扩展至国家自主创新示范区其他区域。联动创新区的土地开发利用须遵守土地利用法律法规，并符合节约集约利用资源的有关要求。

（二）"双自"联动组织保障

支持高新区管委会以新设、内部调整等方式设立自贸工作机构，组建稳定、专业的干部队伍，建立从研究到落实的全周期推动机制，持续升级创新举措，切实发挥联动创新对经济社会的拉动作用。自贸试验区实施的制度政策措施，符合联动创新区战略定位和发展方向的，可在联动创新区直接适用。高新区管委会要切实履行主体责任，按照总体筹划、分步实施、率先突破、逐步完善的原则组织实施。对出现的新情况、新问题，要认真研究，及时调整试点内容和政策措施，重大事项要及时请示报告。自贸试验区推进工作领导小组办公室、自贸试验区管委会要做好对联动创新区建设的统筹推动和支持指导，市级各有关部门要大力支持，加强指导和服务，加大赋权力度，共同推进相关体制机制创新，把联动创新区建设好、管理好。

（三）"双自"联动成效

中源协和细胞基因工程股份有限公司是天津市建设"细胞谷"的主力军。以细胞的存储、研发、临床转化为切入点，中源协和建设了国家干细胞工程产品产业化基地。2021年6月，天津自贸试验区管委会正式批复在国家干细胞工程产品产业化基地建设中国（天津）自由贸易试验区联动创新示范基地，探索开展基因与细胞治疗试点。天津滨海高新区作为国家自主创新示范区，自滨海高新区"双自联动"后，2021 年 8 月以来，大力建设天津自贸试验区联动创新区，推动区内产业实现自创、自贸互补，打造国家自主创新示范区"升级版"。联动创新示范基地充分发挥了自贸试验区国家制度创新"试验田"作用，利用自贸试验区的政策优势赋能企业提升研发水平。依托国家干细胞工程产品产业化基地细胞存储、研发等全闭环管理环境，组织开展细胞治疗临床转化应用试点，为行业发展拓展空间。中源协和已经与自贸试验区创新发展局、血研所等合作开展了新的项目。滨海高新区为创业者提供了共享会议室、共享茶室、共享直播间、开放路演区和阶梯教室，满足了跨境电商的现代化办公需求。滨海高新区跨境电子商务示范园区自主开发的课程数量已经达到 10 余类 1000 余课时，涉及多个平台，能够为跨境电商创业者提供创业孵化、人才培训、供应链金融等全产业链服务。目前，园区已经聚集 50 余家跨境电商各专业细分领域的优质服务商。

七、湖北武汉东湖国家自创区与湖北自贸区联动发展

湖北武汉东湖国家自主创新示范区与中国（湖北）自由贸易试验区武汉片区分别于 2009 年 12 月和 2016 年 8 月获批。武汉东湖国家自创区依托武汉东湖新技术开发区建立，武汉东湖新技术开发区简称东湖高新区，又称中国光谷、简称光谷，于 1988 年创建成立，是中国首批国家级高新区、第二个国家自主创新示范区、中国（湖北）自由贸易试验区武汉片区，并获批国家光电子信息产业基地、国家生物产业基地、央企集中建设人才基地、国家首批双创示范基地等。东湖高新区规划总面积 518 平方公里，集聚了武汉大学、华中科技大学等 42 所高等院校、56 个国家及省部级科研院所、30 多万专业技术人员和 80 多万在校大学生，是中国三大智力密集区之一。下辖 8 个街道（关东街、佛祖岭街、豹澥街、九峰街、花山街、左岭街、龙泉街、滨湖街），并建有 8 个专业园区（光谷生物城、武汉未来科技城、武汉东湖综合保税区、光谷光电子信息产业园、光谷现代服务业园、光谷智能制造产业园、光谷中华科技园、光谷中心城）。

东湖综保区是湖北自贸区武汉片区核心板块，同时具备"三区"优势，封关

运行以来,东湖综保区已落户联想、中石化等一批 500 强企业,一批制度创新成果向全省全国复制推广,成为湖北权省唯一一家双 A 类综保区、武汉乃至全省外向型经济标杆区。中国(湖北)自由贸易试验区武汉片区管委会要求东湖综保区充分发挥"自创区、自贸、综保区"三区联动创新优势,做好"双自联动"文章,打造武汉自贸片区升级版,为湖北建设全国构建新发展格局先行区贡献力量。要抢抓机遇,争做先锋中的先锋。要做好顶层设计,形成政策机制,推动综保区、自贸区红利覆盖光谷全域,并产生可复制经验,争创全国"双自联动"标杆;要锚定自身功能定位,大力发展外向型经济,进一步扩大进出口体量,在全国范围内争先进位;相关部门要加大支持服务,集中资源力量,充分赋能"特区"发展。

2021 年,东湖高新区 GDP 增长 16.8%。其中,GDP 总量、固定资产投资、招商引资到位资金总量全市第一,规模以上工业增加值增速全市第一。2022年 1—5 月份进出口额同比增长 71.3%,占全省综保区 60% 以上。当前,正积极融入东湖科学城建设,狠抓招商引资,加快新业态培育,推动贸易便利化,优化营商环境,打造高新区"特区中的特区"。

"十四五"期间,东湖高新区将聚力建设东湖科学城,全力打造"科学之城、追光之城、向往之城"。着力把光谷建设成为全国创新驱动发展的示范区、中部地区高质量发展的先行区和长江中游践行"两山"理念的样板区。

八、河南郑洛新国家自创区与河南自贸区联动发展

郑洛新国家自主创新示范区和中国(河南)自由贸易试验区,两大富含"创新"要素的国家级战略平台先后于 2016 年 3 月和 2017 年 3 月获批。郑州、洛阳、新乡是河南省创新资源最集中、创新体系最完备、创新活动最丰富、创新成果最显著的区域,郑洛新国家自主创新示范区依托郑州、洛阳、新乡 3 个国家高新区,将在中原腹地建成一块具有较强辐射能力和核心竞争力的创新高地。中国(河南)自由贸易试验区是中国中央政府设立在河南的自由贸易试验区,位于中国河南省郑州市、开封市、洛阳市境内。2016 年 8 月 31 日,国务院决定设立中国(河南)自由贸易试验区;2017 年 3 月 31 日,国务院发布《国务院关于印发中国(河南)自由贸易试验区总体方案的通知》和《中国(河南)自由贸易试验区

总体方案》;2017 年 4 月 1 日,中国(河南)自由贸易试验区正式挂牌成立。中国(河南)自由贸易试验区实施范围 119.77 平方公里,涵盖三个片区:郑州片区 73.17 平方公里,开封片区 19.94 平方公里,洛阳片区 26.66 平方公里。战略定位是加快建设贯通南北、连接东西的现代立体交通体系和现代物流体系,将河南自贸区建设成为服务于"一带一路"建设的现代综合交通枢纽、全面改革开放试验田和内陆开放型经济示范区。

自创区以体制机制创新为主要任务,通过体制机制创新破解制约科技创新的各种瓶颈,以发挥创新驱动对转型升级的引领作用。自贸区同样以制度创新为核心任务,更多地趋向于跨境贸易、离岸创新创业基地等。主要面向的都是以创新为核心的新经济,自创区与自贸区密不可分,互相依存,前者主要依赖于科技创新,后者主要依赖于贸易创新。"双自"联动就是把自创区和自贸区对接起来,充分利用国际国内"两个市场、两种资源",促进科技、金融、贸易、产业的多维度融合,推动人才、资本、技术、知识的多要素联动,加强产学研、内外资、政社企的多主体协同。

河南自贸区洛阳片区有着得天独厚的建设条件,自主创新区和自贸试验区交集。洛阳市紧紧抓住自创区、自贸区两大战略机遇,加快构建现代创新体系、现代开放体系,推进"双自联动"发展,释放"双区叠加"效应,持续增强转型发展的动力和活力。洛阳片区创新双自联动,研究制定了《自贸试验区和自创区"双自联动"实施意见》,促进自主创新、科技创新和国际化、法治化、便利化的营商环境相结合,自贸区和自创区功能叠加、政策共享、优势互补,让企业在两个国家平台上各取所长,充分享受政策红利,实现跨越发展。

2022 年 8 月 7 日,河南省洛阳市涧西区委副书记、高新区(自贸区洛阳片区、综保区)党工委副书记、管委会主任王耀光主持召开"双自联动"工作推进会,会议研究了《洛阳高新区支持创新创业孵化载体发展的实施办法和科技企业加速器认定办法(讨论稿)》《支持中国(河南)自由贸易试验区洛阳片区高质量发展的若干措施(讨论稿)》,强调要聚焦核心指标,进一步完善相关政策,充分发挥科技企业孵化器作用,对孵化器进行精准画像,推动孵化器载体提质增效,针对当前孵化器存在问题,制定负面清单,加强管理,从政策方面加强引导和激励。各部门要认真梳理相关条款,列出清单,在自贸试验区中引入自创区等区域的科技研发力量,将自贸试验区高度开放的体制机制引入自创区,实现自创区与自贸区功能叠加、政策共享。自创区和自贸片区要在量质齐升上两端发力,对标先进地区,持续打造一流营商环境,尽快形成切合高新实际、彰显高新特色的"自创18条"和"自贸18条"以及人才专项政策。要从增创高新区发展新优势的高度,构建并完善市场化的联动传导与对接机制,发挥好自创区产业基础好、技术能力强和自贸区制度创新灵活的叠加优势,坚定走好创新驱动高质量发展之路。

随着"双自"联动逐步推进,洛阳市必将形成投资贸易便利与科技创新功能的深度叠加和有机融合,从而产生"1+1远大于2"的效应,进一步破除制约企业创新的制度藩篱。

九、陕西西安国家自创区和陕西自贸区联动发展

中国(西安)自由贸易试验区和西安国家自主创新示范区先后于2014年和2015年获批,2017年4月1日,中国(陕西)自由贸易试验区在西安高新区揭牌成立。西安自创区和自贸区均依托西安高新技术产业开发区建立,西安自由贸易试验区将成为联通欧亚、承东启西的丝绸之路经济带第一枢纽。在西北唯一获批的陕西自贸区中,高新区的相关片区地处陕西自贸区三大片区的中心片区。西安高新区拥有国家自主创新示范区和自贸区两大"金字招牌",作为国家自主创新示范区,强力推进世界一流科技园区的建设步伐。同时作为陕西自贸区的核心区域,陕西自贸区高新功能区在政府简政放权、贸易便利化制度、金融创新制度等诸多方面实现了新突破,为全国贡献了一批可复制可推广的创新经验。

西安高新区自创和自贸"双自联动,创新改革"形成"高新经验"和"高新样本",西安高新区将以"双自联动",通过对外开放,吸引全球高端创新要素和资源,促进国际国内科技、金融、贸易、产业的双向融合,成为人才、资本、技术、知识全球配置的世界一流科技园区。2018年,西安高新区加快自创区建设,出台自创区系列政策,通过政策引领,示范带动;自贸区建设实现"双百,双第一",完成自贸区试点任务109项,形成创新案例100项,入围省级最佳实践案例数量第一、全省首批复制推广改革创新成果数量第一;推动全创区建设,探索统筹科

技资源新模式的"科技大市场"入围"改革开放 40 年地方改革创新案例"，技术经理人全程参与的科技成果转化模式入选全国推广第二批支持创新相关改革举措。

第六章

宁波国家自主创新示范区与自贸区
联动发展策略

"双自"联动发展包括区域空间的联动和制度创新与科技创新的联动,区域空间联动指自创区的一部分区域与自贸区重叠,可以"直接联动",即自贸区政策直接带动自创区发展;不重叠区域实施"互补联动",即自贸区政策和创新成果复制推广到其他自创园区。宁波的自创区与自贸区在空间上没有重叠区域,所以可以实施"互补联动"。制度创新与科技创新的联动,是指国际投资贸易规则与创新转型升级的对接联动,充分发挥两大国家战略叠加效应,使自创区和自贸区真正形成改革开放的合力和创新转型的红利。

习近平总书记在二十大报告中提出,要深入实施区域协调发展战略、区域重大战略、主体功能区战略、新型城镇化战略,优化重大生产力布局,构建优势互补、高质量发展的区域经济布局和国土空间体系。这正是宁波依托国家自创区和自贸区两大战略平台出作出新贡献、实现更高质量发展的重要机遇。因此,目前,我国已经进入高质量发展阶段,如何发挥国家自创区的创新发展优势和自贸区的对外开放优势,实现宁波国家自创区与自贸区的"双自"联动发展,是当前宁波亟须解决的重要问题。由于浙江自贸区宁波片区的批复晚于宁波国家自创区,所以还存在"双自"联动机制缺失、体制机制开放创新等有待拓展深化等问题。

宁波国家自主创新示范区源于宁波高新技术产业开发区(简称宁波国家高新区、宁波高新区),与中国(浙江)自贸试验区宁波片区是宁波市两大重要平台。国家自创区重在科技创新发展,自贸区重在制度创新,深入推进"双自"联动发展,可融合两者之力,促进技术创新、制度创新和开放创新,打造投资贸易功能、科技创新功能、高端服务功能、数字改革功能深度叠加的高能级开放大平台。2019 年 5 月,国务院在制度层面确认了联动发展是各地自贸区推进先行先试改革开放举措的重要途径。所以,宁波要塑造开放新优势,既要提升两区自身核心竞争力,也要注重两区联动发展的聚合力,把自贸片区作为宁波国家自主创新示范区的新平台来建,从两区联动中创造更多制度型开放成果。为此,提出以"政策联动、平台联动、产业联动、创新联动、人才联动"为路径,推动两区"双自"联动协同发展。

一、加强顶层设计,建立"双自"联动发展机制

为加强宁波"双自"联动顶层设计,要设置两区的"双自"联动发展统一管理机构,科学设置管理部门。形成"双自"联动招商合作机制、定期联席会议机制、招商项目推进工作机制等。将两区纳入同一管理体系,需要设立以宁波市领导领衔的两区"双自"联动发展中心,实行一体化的管理手段和管理方式,努力打造运转顺畅、发展高效的两区"双自"联动协同发展管理机制。

(一)强化对接战略规划的顶层设计

加强宁波国家自创区和自贸区宁波片区联动发展战略目标的对接,包括空间布局和战略设计的对接,研究制定宁波国家自创区和自贸区宁波片区联动发展的实施意见及相关工作方案。将宁波国家自创区和自贸区宁波片区"双自"联动发展战略纳入宁波经济社会发展的中长期规划中。在制定相关规划及具体实施方案过程中,加强产业谋划与布局的联动,依托园区、项目等载体,设计宁波国家自创区创新资源与自贸区宁波片区开放资源的互动接口,优化创新创业生态环境,促使制度创新与科技创新互动发展。

(二)建立"双自"联动协同发展机制

通过制定宁波国家自创区和自贸区宁波片区"双自"联动工作方案,建立资金投入协同机制,聚焦绿色石化、汽车制造、高端装备、新材料、电子信息、软件及新兴服务业、关键基础件(元器件)、智能家电、时尚纺织服装、生物医药、文体用品、节能环保等重点产业和平台载体;组建宁波国家自创区和自贸区宁波片区"双自"联动发展基金,为产业基础设施建设提供资金保障;建立信息互通、风险共担、利益共享的协同机制,实现科技成果、技术交易、创新产品平台载体的联动发展；建立"双自"联动联络员和联席会议制度，负责日常工作对接，适时召开"双自"联动工作会议，及时沟通掌握"双自"联动工作任务推进情况、工作亮点、存在的问题及需要协商解决的事项等。建立资金投入协同机制，聚焦两区重点产业和平台载体；组建宁波国家自创区和自贸区宁波片区联动发展基金，建立信息互通、风险共担、利益共享的协同机制。

（三）搭建"双自"联动发展载体平台

在宁波市已有的金融服务平台、科技成果转化交易平台、一体化政务服务平台和创新示范平台基础上，着力搭建研发产品展示与技术成果转化、科技创新与金融服务和科技产业与服务贸易等新型载体平台，推动形成高效的"双自"联动模式，完善相关政策措施，推进科技创新与制度创新的链接互动。依托宁波东部滨海工业聚集区术开发区和宁波北仑临港工业聚集区等自创区与自贸区的空间载体，梳理"双自"联动发展存在的重难点问题，完善"双自"联动相关政策措施，着力推进科技创新与制度创新的链接互动，为宁波市乃至全国的"双自"联动建设探索更多可复制可推广的经验。

还需要优化两区"双自"联动协同发展的政府服务流程，加强政府"有为"能力建设和方式探索，构建有利公平竞争的营商环境、创新环境、产业发展环境。

二、加强政策联动，发布宁波"双自"联动政策

完善政策和制度问题，可以打破制约创新科技发展的体制机制障碍，为宁波"双自"联动发展创造更好的政策环境。

（一）推动政策互通共享

争取将宁波片区的"五大自由、一个便利""政策从优、自动适用"等促进高端要素便利流动的制度安排，率先在国家自创区复制推广实施，形成"自贸区主分区"模式；支持国家自创区各类平台企业适用网购保税进口等政策，提高中东欧博览会市场效应。加快破除各种科技创新的区域壁垒，重视两区自主创新和协作攻关，构建一个更为完善的科技公共服务平台以及更为开放的地方科技服务网络。

（二）突出"松绑"和"放活"

以数字化改革为引领，以两区各项改革试点、平台和项目为主抓手，研究两

区政策突破的关联点和制度创新的交汇点,推进两区"双自"联动制度创新系统化、集成化,就要把两区"双自"联动协同发展作为"制度型开放"的重要内容,推动商品和要素流动型开放向规则等政策的开放转变,政策优惠转向体制规范的轨道,协调政府、企业(价值链核心企业、平台企业等)、行业协会形成政策创新联合体,全面放大区域发展整体效能,形成两区"双自"联动发展过程中在产业政策、财税政策、人才政策、创新激励政策等同步实施机制。按具体产业链打造目标,根据产业链不同位置,协同推出产业链发展促进政策。

(三)营造一流营商环境

宁波片区的自贸区政策可以为作为国家自创区的高新技术开发区提供制度支撑。而宁波自贸区(港)作为我国最高能级的开放平台,其内核是以投资贸易自由化便利化为核心的制度创新集成,致力于营造一流的营商环境,有利于探索接轨国际标准的制度框架和管理体系,以及适应企业国际化发展需要的创新人才服务体系和国际人才流动通行制度,可以吸引大量土地、人力、资金、技术等要素资源,能为国家自创区创新发展提供有效支撑,促进全球客流、物流、信息流更高效、更便利、更自由的集聚和流动,实现产业结构的国际化、高端化、高效化。加快破除各种科技创新的区域壁垒,重视自主创新和协作攻关,构建一个更为完善的科技公共服务平台以及更为开放的地方科技服务网络。加强与长三角地区内其他国家自主创新示范区之间的合作互动,推进宁波深度融入长三角地区创新协同体系。

三、加强创新联动,树立宁波"双自"联动改革理念

宁波国家自创区和自贸区宁波片区的制度改革创新所形成的赋能不足,存在着时滞性、被动性等。为此,要通过制度联改,扩大涉及面、参与面和惠及面,实现制度改革效应及红利最大化。

(一)明确"双自"联动管理机制

研究制定自贸区和示范区创新联动发展方案,形成联席会议等运作机构,构建基于评价两区自主创新能力、开放创新融合、产业创新发展水平等方面的目标考核责任制,推动两区创新的高效协同发展。将自贸片区重大制度改革创新先行先试政策延伸至宁波国家自创区,尤其是产业管理、人才引进、市场监

管、税费等制度改革,实行制度创新多点尝试,增强制度改革的容错纠错能力。

（二）优化"双自"联动创新服务体系

鼓励有条件的双创示范基地和各类国家级创新平台与中东欧国家开展合作,加快发展创新工场、专业化众创空间等新型孵化模式,构建"众创空间—孵化器—加速器—产业园"的创业孵化链条,为两区的初创型企业和创业者提供全流程服务。借鉴上海等地自贸区的做法,开展自贸区内自由贸易账户本外币一体化功能试点,研究探索资本自由流入流出和自由兑换,开展本外币合一跨境资金池试点。设立外商投资企业境内上市服务平台,为外商投资企业境内上市业务提供服务。借鉴福建、江苏等地"双自"联动的做法,创新科技金融产品体系,通过设立科技创新基金、开发科技信贷产品、试点科技保险业务等形式,加大对新一代信息技术、医药健康、人工智能、科技服务业、数字产业等高新科技产业的创新支持力度。鼓励境外天使投资、创业投资等风险投资机构在自贸试验区内开展业务,鼓励"内投外"和"外投内"双向股权投资基金发展。

（三）强化对知识产权的保护与运用

借鉴上海、福建、江苏等地"双自"联动发展经验,成立相关知识产权综合保护中心,搭建宁波国家自创区和自贸区宁波片区知识产权一体化公共服务平台;深化知识产权综合管理改革,建立与国际接轨的"类海外"知识产权运营、保护与管理体制机制;创新知识产权金融模式,构建多元化、多层次、多渠道的专利投融资体系,促进对知识产权的保护与运用。

四、加强平台联动,发挥宁波多个平台的积极作用

浙江省自贸区宁波片区作为宁波市最高能级的对外开放平台,在稳定全市外贸外资基本盘方面要发挥积极作用。

（一）打造两区协同服务平台

不断提升自贸区开放平台能级,强化自贸区动力引擎的引领作用,发挥金融服务平台的作用,稳住外贸外资基本盘,并坚持"一盘棋"思想,统筹两区新型国际贸易基地、跨境电商平台、总部基地、国际供应链创新中心等建设。拓展"单一窗口"服务领域,支持跨境电商平台企业在两区相关区域多点建设国际转口配送基地,共同打造跨境电商进出口分拨基地。围绕推进两区企业开展技术

合作、人才交流、产业共建的需求，共同打造若干个跨境贸易服务平台，成立面向"一带一路"沿线的跨境投资服务中心等公共服务平台，促进资源要素高效集聚。为区域经济发展做出更大贡献。

（二）对接境外自由贸易平台

充分发挥自创区、自贸区、联动创新区和综保区等开放平台的政策叠加优势，深化宁波市各区的贸易投资高水平开放试点，强化对招引优质大项目的要素支撑作用，巩固提升宁波外贸大市地位。推动全域联动创新，牢固树立全宁波市自创区、自贸区、综保区、联动创新区等一盘棋大局意识，联动创新区地方政府要加强与宁波片区核心区、自创区的产业联动、政策联动、创新联动，加快形成全市国家自创区、自贸区核心区、联动创新区、辐射区一体化发展格局。

（三）发挥多平台积极作用

发挥一体化政务服务平台、科技成果转化交易平台和创新示范平台的积极作用，统筹谋划一批具有宁波辨识度的制度创新成果，各地各部门合力推动政策创新、流程创新、制度创新和服务创新，进一步提升自创区和自贸区宁波片区的开放能级。依托宁波国家自创区主动对接自贸区、各类海关特殊监管区等特殊经济功能区，实现自贸区宁波片区、海关特殊监管区与境外各类特殊经济功能区的联动合作发展，探索搭建通关、检验检疫等监管标准互认，推进贸易通关一体化。

此外，要深化要素配置与产业发展规划有效衔接和良性互动，开展创新资源在两区的配置落地，统筹推进两区新材料、智能制造、数字经济等重点产业引领性技术的重大创新设备、重大技术创新平台建设，及改革国资孵化器运行模式、大力发展混合所有制孵化器，吸引国际孵化器。协同推进产业创新、技术创新，合力打造创新平台、融资平台和贸易平台等，落实支持科技创新进口税收政策，探索单位科研设备进口免税。加强两区专业服务平台联通共享，实施"一核多基地"模式，实现各类功能平台的信息流通和资源共享。

五、加强产业联动，促进宁波产业转型升级和结构调整

宁波国家自创区和自贸区宁波片区的同类产业及其关联产业发展的"链接"仍然不足，深度融合和协调更是缺乏。为此，要充分利用两区的产业发展条

件、基础和优势，瞄准产业链关键环节、核心环节，强化功能关联，充分释放潜力和动能，有效衔接起内部价值链，引领区外价值链。

（一）促进产业合作与融合发展，创新协同突破

围绕发展壮大新产业、新业态、新模式等新经济新动能，以及国际产业合作的新内容、新规则、新机制，构建两区非贸易功能和贸易功能的深度对接机制，打造一批具有示范带动效应的重大产业项目，促进宁波国家自创区和自贸区宁波片区的产业合作，促进两区保税研发、保税维修、现代物流等功能放大和自贸区服务贸易溢出效应，形成两区研发、生产、维修、服务、配送、加工、展示和销售等多功能联动协同。在制定高新技术产业、数字产业等产业规划和政策过程中，重视宁波国家自创区和自贸区宁波片区两区企业之间的对接合作和优势互补。同时，加快实施产业对接升级计划，推进产业合作搭桥试点，深化与 RCEP 国家、"一带一路"沿线和中东欧国家产业交流合作，把"引进来"和"走出去"相结合，共同提升宁波产业合作国际化水平。

围绕重点产业链发展，协调两区开展创新综合体建设，引领宁波市域范围内产业集成创新。借鉴"离岸创新"模式，实现两区技术创新力量整合壮大，推进技术创新有效转换机制建设。积极探索国际科技创新，推动两区科技成果转化和创新要素自由流动，合力打造科创服务共同体。协同打造"人才—科技—产业"协调配套的创新环境和创新链推进机制。

（二）培育壮大企业主体，扩大科技服务业开放

完善新型贸易、新型服务贸易企业培育长效机制，做大做强两类新型企业培育库，扶持一批潜力企业加速成长为行业"独角兽"；鼓励宁波国家自创区和自贸区宁波片区的企业互设子公司，享受宁波国家自创区和自贸区宁波片区的金融创新、投资便利化等优惠政策，共享在各类产业扶持政策和贸易结算便利化政策，扩大与中东欧乃至"一带一路"沿线国家的经贸合作规模。进一步扩大科技服务业开放，打造具有国际影响力的科技品牌企业。宁波地区民营经济发达，地区经济充满活力，但创新意识和动力尚有不足。政府应当主动引导企业加大研发投入，鼓励企业开展自主研发，并以自贸区宁波片区为载体，培育大型创新型领军企业，鼓励创新型领军企业肩负起更加重大的使命，帮助中小型科技企业的建设发展和传统中小企业的转型升级，大力吸引国内外知名的科技服

务机构入驻,支持机构服务模式创新,强化行业机构间的协作发展,提升科技服务能力,培养一批国际知名的科技服务品牌。鼓励宁波国家自创区的科技企业依托自贸区的载体平台,充分利用现有政策积极参与国际市场竞争,助推科技企业"走出去",同时加快落实和推进创新创业的相关政策法规,为企业营造良好的创新环境。

（三）强化两区科技协同创新,协同打造产业链

未来宁波的产业转型升级和结构调整还应立足于现有的基础和优势,以及宁波国家自创区和自贸区宁波片区两区的发展定位和产业需求,整合利用两区的制度优势和科技资源,着力突破一批"卡脖子"的关键核心技术和短板装备等关键环节,加快布局建设甬江科创大走廊,建立完善的创新平台。依托宁波当地的科研力量,加强在智能技术、软件工程、材料技术、生物技术、精密仪器等高新科技领域进行全方位布局,建设一批具有示范带动效应的重大项目和特色园区,加速动能转换和产业转型升级。

推动长三角区域内部之间的创新协作,加强各大城市间的协调创新发展规划,进一步强化长三角地区战略协同和科技创新协调发展。与周边的上海和杭州错位发展,聚焦于高端制造业领域,充分发挥自身的港口优势,布局临港高端制造业,如造船业、高端石化产业等,延长港口经济产业链,建设一批具有示范带动效应的重大项目和特色园区,加速动能转换和产业转型升级。如油气产业要加强大榭岛区块、临港片协同布局,在发展规划、招商引资、设施建设、要素配置等方面形成同向合力,尤其是油气储罐建设要超前协同部署。建立"一区注册、多区经营"制度,探索批准宁波国家自创区内注册企业,在自贸区内宁波片区内开展海关业务,协同探索区域之间利税等利益联结共享办法,加强同类产业协同布局和协调发展,形成要素培育引进、功能载体打造协同机制。积极建立"总部＋基地""研发＋生产""贸易＋基地""平台＋服务"等产业协作发展模式,形成点线面结合的体系化产业闭环,在更大范围延展产业链、重塑价值链。

同时,克服宁波高校建设不足和高层次人才缺乏的弊端,推动宁波企事业单位与长三角区域高校院所合作承担重大科技项目,跨区域联合攻关突破高难技术,带动新兴产业规模化发展。

六、加强人才联动，推进宁波"双自"联动人才引进

历史经验表明，推进自主创新，人才是关键。所以，宁波市政府部门要进一步发挥作用，提高金融服务水平，加强复合型人才培育和国内外高层次人才的引进工作，建立融资、招商、人才等关键要素联合引进机制，协同出台和调整税收优惠政策、人才保障政策等。

（一）加强人才培养引进，构建具有国际竞争力的人才机制

借鉴上海、福建等地的经验，制定出台宁波高层次人才支持措施。建立紧缺科技人才清单制度，试点建立与国际规则接轨的人才管理、投融资、股权激励、成果转化、创新创业等制度，同步推进资源要素供给和使用改革，实行集约高效的混合用地、创新型产业用地政策，实施土地集约奖励津贴计划等。支持两区用好用活自贸区人才自由便利流动政策，加大柔性引才力度，吸引国内外优秀人才和团队落户；引入国外的创新科技高层次高水平人才，建立中外合作科技创新基地，推进宁波与国际的技术交流和联合研发等。支持两区开展教育资质或从业资格条件互认，建立完善多层次人力资源服务体系；支持两区助力境内企业设立海外研发中心，带动与当地高端人才的交流与合作。

加快引进顶尖人才的同时，也要加强当地的人才培育和发掘，要保证引入人才与培养人才两手抓。对引进的人才，给予必要的资助补助等，让人才免去后顾之忧。对于宁波当地的高校，实验室等，加强科研投入，力求培养出熟悉当地情况且拥有创新思维的本土人才，为宁波国家自创区和自贸区联动协同发展不断输送新鲜血液。

（二）促进与科研实体的交流，建立优秀人才创新创业激励机制

利用宁波的区位优势，加强和长三角区域高校以及中科院系统研究所等科研实体的交流与联系。同时，对已在宁波落地的研究院等科研机构给予支持，并且加快吸引外来科研机构的落户，从而进一步强化宁波的科研实力与创新水平。除此之外，加大对宁波本地高校实验室，研究中心的投入，推进人才培养等举措也当被重视起来。

借鉴上海、广东等地的经验，设立人才培养专项基金和创业扶持专项基金，支持高层次人才、海外优秀的专业人才创办科技型企业，在市场准入、政府采购

上实行优惠待遇,支持国外科学家领衔承担政府支持的科技项目。除涉及保密的或另有规定的外,在成果转化、市场推广、技术交易、政府采购、收益分配、学术评定等方面,对国内外高层次人才实行同等科技奖励政策。在两区探索建立作为激励手段和收入补充的津补贴制度,鼓励企业创新工资薪酬模式,聘任高端人才;探索建立高级职称评审绿色通道,落实高层次人才、急需紧缺人才职称直聘政策。

（三）健全人才综合服务体系,建立人才服务保障机制

优化两区人才服务,吸引境外高层次人才、专业人才、留学生来华学习和就业;完善国内外高层次人才创业、工作、住房、教育、医疗等配套政策,提升金融服务水平,满足海外高层次人才真实合规的经常项目用汇需求,支持符合条件的国内外高层次人才随行家属子女的就业入学等业务,利用自贸区投资便利化优势,吸引国内外教育机构在两区投资设立优质学校,解决教育资源不足问题,保障国内外高层次人才子女入学。借鉴上海的"1+4"海外人才政策,完善国际人才居住证、住房、医疗、教育等全流程服务体系,为海外人才营造更加宜居宜业的环境。

宁波市第十四次党代会指出,未来五年,浙江自贸区宁波片区引领高水平开放的作用进一步凸显,生产端、贸易端、消费端和科技侧大贯通、大循环的格局全面构建,推动创新链、产业链、供应链、要素链、制度链共生耦合。宁波国家自创区和自贸区宁波片区可以通过制度联改、产业联动、要素联配、管理联合机制构建,形成宁波国家自创区和自贸区宁波片区的协同改革、协同创新、协同发展,促进产业链、创新链、价值链关键环节打造和循环构建,形成有序高效的产业网络、市场网络、管理网络,以两区"双自"联动高水平协同发展带动宁波市域经济高质量发展。所以,各地各部门要及时提炼总结推动宁波国家自创区于自贸区宁波片区建设的重大进展及成效,强化全市自创区和自贸区新闻宣传合力,进一步提升宁波"双自"联动区域在全国的知名度和影响力。

参考文献

[1] ARROW K J. The Economic Implications of learning by doion. [J]. The review of economic studies,1962, 29(3):155 - 173.

[2] CHATTERJI A, GLAESER EL, KERR WR. Clusters of entrepreneurship and innovation[J]. Innovation policy and the economy, 2014(14):129 - 166.

[3] HUANG Y, AUDRETSCH D B, HEWITT M. Chinese technology transfer policy: the case of the national independent innovation demonstration zone of East Lake[J].The journal of technology transfer, 2013,38(6):828 - 835.

[4] J. R FRIEDMANN. Regional development policy: a case study of Venezuela [M]. Cambridge :Cambridge MIT Press,1996.

[5] KOGAN L, PAPANIKOLAOU D, SERU A, STOFFMAN N. Technological innovation, resource allocation, and growth[J]. Quart. J. Economy,2017,132(2):665 - 712.

[6] MOKYR J. The lever of riches: technological creativity and economic progress[M]. Oxford :Oxford University Press, 1992.

[7] NELSON RR. National innovation systems: a comparative analysis[J]. Research policy,1993,25(5):838 - 842.

[8] SOLOW RM.Technical change and the aggregate production function[J]. Rev. Economy, Statist.1957, 39(3):312 - 320.

[9] WEICAI PENG, ZHONGJUN TIAN, YEFENG WANG. Price guarantee for

advance selling in the presence of preorder-dependent social learning[J]. International journal of production economics,2020,219:115 - 122.

[10] ZHONGJUN TIAN，YEFENG WANG. Advance selling with preorder-dependent customer valuation[J]. Operations research letters,2016,44: 557 - 562.

[11] 陈东.浅析自贸区对区域经济发展的效用分析[J].今日财富,2021(18): 19 - 21.

[12] 陈东.上海自贸区与其经济发展分析[J].商展经济,2021(21):26 - 28.

[13] 陈林,邹经韬. 南沙自贸试验区与广州国家自主创新示范区的联动发展研究[J].城市观察,2017(06):56 - 66.

[14] 陈露,陈丹.自贸区跨境电商对我国对外贸易的影响研究——基于上海、广东、天津、福建四省市数据的分析[J].中国集体经济,2021(30):110 - 112.

[15] 程春生.福州"双自"联动发展的对策思路[J]. 中国科技纵横，2018(10).

[16] 程瑨,冯锋,李庆.国家自主创新示范区科技政策研究——基于科技人才政策转移视角[J].中国高校科技,2017(09):74 - 76.

[17] 成涛林.苏州自主创新一体化政策研究——基于苏南国家自主创新示范区的视角[J].江南论坛,2016(1):7 - 9.

[18] 邓红辉,谢艳霞,宋菁,张翼飞,郭其龙. 关键在于制度创新 不是挖掘"政策洼地"[N].南方日报,2015 - 03 - 26.

[19] 代利娟,张毅.武汉东湖国家自主创新示范区科技金融创新研究[J].科技管理研究,2013,33(06):4 - 8.

[20] 邓江年."双自"五大联动叠加创新能量[N].南方日报,2016 - 03 - 22.

[21] 丁太顺.自主创新的时代特征[J].创新科技,2010(10):19 - 19.

[22] 董石桃,刘洋.地域特点、政策构建和股权激励——基于长株潭自主创新示范区高层次人才股权激励政策的研究[J].中国科技论坛,2017(03): 133 - 141.

[23] 董石桃,戴芬园.地域比较、政策构建与创业激励——长株潭自主创新示范区创业激励政策分析[J].科技进步与对策,2017,34(04):40 - 46.

[24] 董微微,蔡玉胜.我国国家自主创新示范区创新能力评价[J].工业技术经济,2018,(08):80-87.

[25] 杜敏.国际贸易概论[M].北京:对外经济贸易大学出版社,2001.

[26] 方玉梅.国家高新区创新能力结构模式研究［M］.北京:科学出版社,2017.

[27] 方玉梅,刘凤朝.我国国家高新区创新能力评价研究[J].大连理工大学学报(社会科学版),2014,35(004):26-32.

[28] 方友熙.福建自贸区与福厦泉自创区联动发展思路和对策研究[J].长春理工大学学报(社会科学版),2018,31(4):91-96.

[29] 高丽娜.跨区域创新合作的内涵、方式及空间特征[J].学术论坛,2012(12):134-138.

[30] 顾贾能.浙江自贸区对区域经济增长的影响研究[D].杭州:浙江大学,2021.

[31] 顾玲琍.张江国家自主创新示范区政策协同创新机制分析[C].第十一届中国软科学学术年会论文集(上),2015.

[32] 谷建全,彭俊杰.高质量发展背景下国家自主创新示范区体制机制创新问题研究[J].中州学刊,2020(10):26-31.

[33] 郭苏文.自贸区人才培养体系中的财税政策研究[J].财会通讯,2021(22):157-160.

[34] 郭戎,薛薇,张俊芳,等.国家自主创新示范区科技创新政策评价研究[J].中国科技论坛,2013(11):11-15.

[35] 郭哲.开放创新是深化科技管理体制改革的关键[N].科技日报,2012-01-09(001).

[36] 果秀君.金融在自贸区业务中的创新发展探索[J].当代金融家,2021(09):144-145.

[37] 何志强.自贸区对上海四个中心建设影响的实证研究[D].上海:上海财经大学,2020.

[38] 胡旺盛.基于空间知识溢出的合芜蚌自主创新区企业技术创新能力提升研究[J].皖西学院学报,2013,029(004):55-57.

［39］胡树华,杨洁,左继宏.高新区自主创新能力指标体系及评价模型［J］.武汉理工大学学报(信息与管理工程版),2010,32(6):974－977.

［40］黄茂兴,等.中国自由贸易港探索与启航——全面开放新格局下的新坐标［M］.北京:经济科学出版社,2017.

［41］江曼琦,仇什.国家自主创新示范区规划实施评价指标体系研究——以天津国家自主创新示范区为例［J］.河北经贸大学学报,42(2):7.

［42］江光华.高质量发展视域下北京"双自联动"建设思考［J］.科技智囊,2022(1):55－61.

［43］贾康,刘军民.建设创新型国家的财税政策与体制变革［M］.北京:中国社会科学出版社,2011.

［44］蒋鹏举,韦平,李克林,等.苏南自主创新示范区跨国技术转移对策研究［J］.常州大学学报:社会科学版,2014,15(2):60－63.

［45］蒋天颖.浙江省区域创新产出空间分异特征及成因［J］.地理研究,2014,33(10):1825－1836.

［46］金鹿.开放创新视角下天津市"双自"联动的发展研究［J］.天津经济,2016(10):20－24.

［47］李庆.科技创新政策的转移、转移网络和竞争力研究:以国家自主创新示范区为例［D］,合肥:中国科学技术大学,2017.

［48］李庆军,王家芳,胡海华.国家自主创新示范区创新能力评价——以山东半岛为例［J］.技术经济,2018,37(06):10－15.

［49］李旭辉,郑丽琳,程静静.国家自主创新示范区创新驱动发展动态评价体系研究——基于二次加权动态评价方法［J］.华东经济管理,2019,33(03):79－85.

［50］李燕萍,郑安琪,沈晨,等.国家自主创新示范区人才政策评价——以中关村与东湖高新区为例(2009—2013)［J］.武汉大学学报:哲学社会科学版,2016(2):85－89.

［51］李祖平,倪玲连,孙逸,王世锋,王嘉珏.国家自主创新示范区创新政策在杭州先行先试的对策研究［J］.今日科技,2016(12):40－43.

［52］林琳.浙江自贸区区域经济增长效应评估——基于反事实分析法［D］.杭

州:浙江科技学院,2022.

[53] 林曦.自贸区设立对区域创新能力影响的政策效应评估[D].南昌:江西财经大学,2021.

[54] 刘炳春.自创区与自贸区联动发展[M].北京:电子工业出版社,2020.

[55] 刘韵哲,杨广庆. 福建省"双自联动"发展面临的制约因素与对策[J].发展研究,2018(6):58－62.

[56] 罗煜.郑洛新城市科技创新能力评价——兼论郑洛新国家自主创新示范区建设[J]. 技术经济,2017,(1):90－95.

[57] 毛艳华.推进自贸区与自主创新示范区"双自联动"发展[N].南方日报,2016－04－25(F02).

[58] 孟广文. 建立中国自由贸易区的政治地理学理论基础及模式选择[J]. 地理科学,2015,353 (01):19－29.

[59] 孟广文,刘铭. 天津滨海新区自由贸易区建立与评价[J]. 地理学报,2011,66(2):223－234.

[60] 宁波市统计局.宁波统计年鉴(2021)[EB/OL].宁波统计局网,http://vod.ningbo.gov.cn:88/nbtjj/tjnj/2021nbnj /indexch.htm.

[61] 宁波市统计局.宁波统计年鉴(2020)[EB/OL].宁波统计局网,http://vod.ningbo.gov.cn:88/nbtjj/tjnj/2020nbnj /indexch.htm.

[62] 宁波市统计局.宁波统计年鉴(2019)[EB/OL].宁波统计局网,http://vod.ningbo.gov.cn:88/nbtjj/tjnj/2019nbnj /indexch.htm.

[63] 宁波市统计局.宁波统计年鉴(2018)[EB/OL].宁波统计局网,http://vod.ningbo.gov.cn:88/nbtjj/tjnj/2018nbnj /indexch.htm.

[64] 宁波市统计局.宁波统计年鉴(2017)[EB/OL].宁波统计局网,http://vod.ningbo.gov.cn:88/nbtjj/tjnj/2017nbnj /indexch.htm.

[65] 齐晶晶.国家自主创新示范区创新体系效能的评价与比较[J].统计与决策,2015(24):49－52.

[66] 石书玲. 先行先试视域下国家自主创新示范区创新政策体系设计——基于系统经济学视角[J].河北学刊,2018(5):133－139.

[67] 盛斌.天津自贸区:制度创新的综合试验田[J].国际贸易,2015 (01):4－

10.

[68] 滕堂伟,葛冬亚,胡森林.张江国家自主创新示范区产业结构及空间联系优化研究[J].科技进步与对策,2018,448(12):48-54.

[69] 滕紫娜.梅山岛自由贸易区建设对宁波外贸的影响研究[J].国际商贸,2012(12):206-207.

[70] 田宜龙,王思臣. 争当中原城市群创新发展领头羊——访洛阳高新区管委会主任马志强[N].河南日报,2017-01-20F(22).

[71] 王海龙课题组.宁波建设自由贸易区的金融支持框架设计[J].三江论坛,2014(11):41-44.

[72] 王启仿,陈钧浩. 论宁波自由贸易区的建立[J]. 宁波大学学报(人文科学版),2007,20(1):11-16.

[73] 王瑞,蒋天颖,王帅. 宁波市港口物流企业空间格局及区位选择[J.地理科学,2018,38(5):691-698.

[74] 王瑞,钟冰平.RCEP背景下的宁波开放新机遇[N].宁波日报,2020-12-10.

[75] 王谢勇,王彬,孙毅.国家自主创新示范区科技体制创新路径选择[J].地方财政研究,2017(10):90-97.

[76] 王叶峰,田中俊,谢家平.基于策略型消费者的预售退货策略研究[J].管理工程学报,2020,34(1):79-85.

[77] 王叶峰.浙江科技投入与服务业经济增长关联的实证分析[J].科技管理研究,2013(12):59-67.

[78] 魏建漳. 区域开放创新:欧洲 EU RIS 经验借鉴[J].开放导报,2014,117(6):103-106.

[79] 吴春霞,曲林迟. RCEP :中国"双自"联动的政策选择[J].探索与争鸣,2021(10):120-129.

[80] 吴珂,王霞.张江国家自主创新示范区的有关政策及其应用研究[J].科技进步与对策,2012,29(12):98-102.

[81] 吴华刚,等.推动福厦泉自创区和福建自贸区联动发展的对策研究[J].发展研究,2019(08):68-71.

[82] 吴华刚.国家自主创新示范区发展定位分析及对福建的启示——以城市群为主体建设的国家自主创新示范区为例[J].经济论坛,2018(7):47-50.

[83] 肖林,等.中国(上海)自由贸易试验区改革开放成效与制度创新研究[J].科学发展,2015(01):69-77.

[84] 肖相泽.国家自主创新示范区科技创新"政策—绩效—评价"研究[D].合肥:中国科学技术大学,2016.

[85] 肖潇,汪涛.国家自主创新示范区大学生创业政策评价研究[J].科学学研究,2015,33(10):1511-1519.

[86] 解学梅,曾赛星.创新集群跨区域协同创新网络研究述评[J].研究与发展管理,2009,21(1):9-17.

[87] 肖元真,严越凡,陈远,应辰.论张江双自联动融合发展的主要挑战和重要抓手[J].上海企业,2017(10):72-75.

[88] 熊鸿儒.中国创新体系的开放进程与转型挑战[J].学习与探索,2017(01):132-140+176.

[89] 熊曦,魏晓.国家自主创新示范区的创新能力评价——以我国10个国家自主创新示范区为例[J].经济地理,2016,36(01):33-38.

[90] 徐静.开放创新视角下的"双自联动"发展研究[J].全国流通经济,2018(01):66-67.

[91] 徐顽强,金曼,张红方.武汉东湖国家自主创新示范区重大科技成果产业化政策激励研究[J].科技进步与对策,2012,29(06):100-103.

[92] 薛薇,魏世杰.刍议由国家自主创新示范区推广的创新税收政策[J].税务研究,2018(09):17-21.

[93] 杨亚琴.自贸试验区与张江国家自主创新示范区联动发展研究[J].科学发展,2015,401(8):69-72.

[94] 严建援,杨银厂.基于区域层次的开放创新体系研究:行为主体功能要素框架模型[J].科学学与科学技术管理,2015,36(03):37-45.

[95] 张华强.中国自贸区发展水平比较研究——以五大自贸区为例[D].沈阳:辽宁大学,2022.

[96] 张俊芳,张明喜,薛薇,魏世杰.国家自主创新示范区试点政策推广评估——以中关村为例[J].中国科技论坛,2017(06):13-18.

[97] 张威奕.定位把握、建设方略与国家自主创新示范区取向[J].改革,2016(11):53-64.

[98] 郑礼,戴颖.依托"双自联动"激发创新活力——建设国家自主创新示范区的经验与启示[J].天津经济,2016(1):14-17.

[99] 周洪宇.国家自主创新示范区创新能力比较研究——以北京中关村、武汉东湖、上海张江为例[J].科技进步与对策,2015,32(22):34-39.

[100] 周晓波.上海自贸区与自创区"双自"联动及对天津的其实[EB/OL].[2015-5-11].http://nkbinhai.nankai.edu.cn/html/bhzl/jyxc/3363.html.

[101] 朱常海.国家自主创新示范区政策评述[J].中国高新区,2017(05):28-36.

索 引